日商簿記２級
連結会計の解法

山下壽文 ［著］

創 成 社

はしがき

　かつて日商 1 級の出題範囲であった連結会計の一部が日商 2 級の出題範囲になって久しい。過去に出題された問題をみると，なかなかの難問である。市販されている日商 2 級のテキストのありきたりの説明では，受験者は対応できそうにない。運悪く連結会計問題が出題されようものなら，合格は覚束ないであろう。因みに，第 3 問で連結精算表が出題された第 151 回および第 156 回の合格率が 12.7％と 18.2％である。通常，合格率が 25％から 30％であることを考えると，いかに低いかが窺われる。

　そこで，日商 2 級受験者のために，日商 2 級の出題範囲に限って，連結会計の解法をより丁寧に説明すべきと思い，本書を執筆した。

　本書では，図を用いてわかりやすく説明し，設例で理解を深め，さらに練習問題で理解できたかどうかを確認することにより，日商 2 級の連結会計をマスターすることを目的としている。また，最後に総合問題を掲げ，受験対策の総仕上げとしている。

　本書で理解した連結会計は，日商 1 級や全経上級の連結会計の学習の基礎として役立つはずである。簿記検定合格を目指して勉学に励む受験生の一助となれば幸いである。

2024 年 6 月吉日

山下壽文

※総合問題の解答用紙は，創成社のホームページからダウンロードできるようにします。何度も問題を解いてマスターしてください。

目　次

第1章 連結会計問題の出題範囲および出題パターン

第1節 連結会計問題の出題範囲

日商簿記検定出題区分表（2021.12.10最終改正）によれば，次のように従来1級の出題範囲であった連結会計の一部が2級の出題範囲になった。

	2　　級	1　　級
1	資本連結	子会社支配獲得時の資産・負債の時価評価 支配獲得までの段階取得 子会社株式の追加取得，一部売却
2	非支配株主持分	
3	のれん	
4	連結会社間取引の処理	
5	未実現損益の消去（棚卸資産・土地） （1）ダウンストリームの場合 （2）アップストリームの場合	
6		持分法
7		連結会計上の税効果会計
8		在外子会社等の財務諸表項目の換算
9		個別財務諸表の修正（退職給付会計など）
10		包括利益，その他の包括利益
11	連結精算表，連結財務諸表の作成	連結キャッシュ・フロー計算書，中間連結財務諸表の作成
12		セグメント情報

2級の出題に係る連結会計基準には次のものがある。
（1）「連結財務諸表制度における子会社及び関連会社の範囲の見直しに係る具体的取扱い」（平成10年10月30日企業会計審議会）（以下，**連結範囲取り扱い**という）
（2）企業会計基準第16号「持分法に関する会計基準」（平成20年3月10日，改正平成20年12月26日企業会計基準委員会）（以下，**持分法基準**という）

（3）企業会計基準第 21 号「企業結合に関する会計基準」（平成 15 年 10 月 31 日，改正平成 20 年 12 月 26 日企業会計基準委員会）（以下，**企業結合基準**という）

（4）企業会計基準第 22 号「連結財務諸表に関する会計基準」（平成 20 年 12 月 26 日，改正 平成 22 年 6 月 30 日企業会計基準委員会）（以下，**連結基準**という）

連結範囲取り扱いは，子会社および関連会社の範囲を持株基準から支配力基準および影響 力基準に見直したもので，**企業結合基準**はのれんの会計処理，つまりのれんの償却期間と減 損処理について規定している。2 級の出題範囲は，支配力基準にもとづく連結子会社との連 結であって，持分法基準による影響基準にもとづく関連会社の持分法による投資損益の処理 は含まれない。

連結基準は，親会社と子会社の連結会計の手続などについて基準化したもので，次の項目 からなる。

1　連結財務諸表作成における一般原則
2　連結財務諸表作成における一般基準
3　連結貸借対照表の作成基準
4　連結損益及び包括利益計算書又は連結損益計算書及び連結包括利益計算書の作成基準
5　連結株主資本等変動計算書の作成
6　連結キャッシュ・フロー計算書の作成
7　連結財務諸表の注記事項

このうち，日商 2 級の出題の中心になるのは，2，3，4 の連結損益計算書および 5 の連結 株主資本等変動計算書の一部である。

連結 B/S の作成基準では，**資本連結**（親会社の投資と子会社の資本の相殺消去）と，**非支配 株主持分**，**のれん**（正ののれん，負ののれん），**のれん償却**，**連結会社相互間取引**（債権と債務 の相殺消去）の処理が出題の中心となるが，親会社の投資と子会社の資本の相殺消去の際の 子会社の資産および負債の時価評価や支配獲得までの段階取得，子会社株式の追加取得およ び一部売却は 2 級の出題範囲には含まれない。つまり，支配獲得日に親会社の子会社株式の 持株割合が 80％であれば，支配獲得日後の親会社の持株割合 80％，非支配株主の持株割合 20％にもとづいて連結処理をおこなう。親会社の投資と子会社の資本の相殺消去の際に発生 したのれんの償却処理は，**企業結合基準**による。

連結 P/L の作成基準では，親会社と子会社間の商品売買取引や土地売買などの相殺消去， 商品売買における棚卸商品の実現利益および未実現損益の修正がおこなわれる。棚卸商品の 実現利益および未実現損益の修正は，（1）親会社→子会社の商品売買のダウンストリーム の場合と（2）子会社→親会社の商品売買のアップストリームの場合では異なる。

連結株主資本等変動計算書では，利益剰余金および非支配株主持分のみが 2 級の出題範囲 である。

「税効果会計に係る会計基準」「同注解」（平成 10 年 10 月 30 日企業会計審議会）による税効 果会計は 2 級の出題範囲ではなく 1 級の出題範囲である。したがって，**本書の設例，練習問**

題および総合問題では，税効果会計は考慮しない。

　「外貨建取引等会計処理基準」（昭和54年6月26日，最終改正平成11年10月22日企業会計審議会），実務対応報告第18号「連結財務諸表作成における在外子会社の会計処理に関する当面の取扱い」（平成18年5月17日，改正平成22年2月19日企業会計基準委員会）に規定する在外子会社の財務諸表項目の換算も2級の出題範囲ではなく1級の出題範囲である。その他，個別財務諸表の修正（退職給付会計など），包括利益，その他の包括利益も同様である。

　連結財務諸表の作成は，「連結財務諸表の用語，様式及び作成方法に関する規則」（昭和51年10月30日大蔵省令第28号，最終改正平成24年2月15日内閣府令第4号）（以下，**連結財務諸表等規則**という）および「「連結財務諸表の用語，様式及び作成方法に関する規則」の取扱いに関する留意事項について」（平成12年7月金融庁総務企画部，最終改正平成24年5月11日金融庁総務企画局）（以下，**連結財務諸表等規則ガイドライン**という）による。

　連結財務諸表のうち2級の出題範囲は，連結B/Sと連結P/Lであり，連結キャッシュ・フロー計算書，中間連結財務諸表の作成は1級の出題範囲である。さらに，セグメント情報も1級の出題範囲である。

第2節　連結会計問題の出題パターン

　さて，連結会計の2級の出題パターンであるが，いくつか考えられる。第1の一番オーソドックスなのは，連結精算表において，個別のB/Sを修正消去欄で借方・貸方の連結仕訳をおこない，資産，負債および純資産の各項目を加算・減算して連結B/Sを作成するパターンである。ここでは，**利益剰余金**および**非支配株主持分**の処理がポイントになる。

　連結精算表は，個別企業の8欄精算表のようなもので，修正記入欄が修正消去欄となり，連結のために必要な仕訳を記入する。

　第2は，連結精算表の修正消去欄で，個別B/SおよびP/Lの借方・貸方の連結仕訳をおこない，資産，負債および純資産の各項目，さらに収益および費用の各項目を加算・減算して連結B/SおよびP/Lを作成するパターンである。

　連結 P/L では，**親会社株主に帰属する当期純利益**および**非支配株主に帰属する当期純利益**を計算することが中心になる。

　第3は，第2のパターンに**個別および連結株主資本等変動計算書**が加わるパターンである。このパターンでは，B/S の修正消去欄で利益剰余金および非支配株主持分の変動を計算・表示するのではなく，株主資本等変動計算書においてそれらの当期末残高を計算・表示し，それを B/S 上の修正消去欄に表示して，連結 B/S の利益剰余金および非支配株主持分を計算・表示するところに特徴がある。このパターンの出題が一般的（一部）である。

（注）財務諸表は，B/S，P/L および株主資本等変動計算書（一部）である。

　第4は，連結精算表を介しないで，個別 B/S および P/L から直接連結 B/S および P/L を作成するパターンである。このパターンでは，連結修正消去仕訳をおこない，資産，負債および純資産の各項目，さらに収益および費用の各項目を加算・減算して，各自計算しなければならないので，慎重さが求められる。なお，連結財務諸表の作成は，**連結財務諸表等規則**および**連結財務諸表等規則ガイドライン**に規定されている。

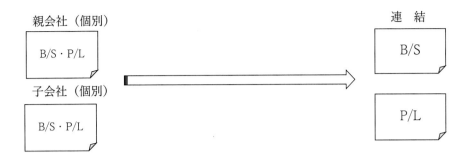

　以上の出題パターンにしたがい，2級の連結会計の解法を学習する。なお，学習に際して，一部，貸借対照表をB/S，損益計算書をP/Lと略して表記し，重要な用語あるいは内容はゴシックで，連結仕訳と個別仕訳は仕訳様式を変えて説明をしている。また，単位は千円あるいは万円で表記しており，資本連結の際の発行済株式はすべて議決権付きであるので，学習の際に注意されたい。

第2章　連結会計の意義および制度

第1節　連結財務諸表とは何か

　連結財務諸表とは,「支配従属関係にある2つ以上の企業からなる集団（企業集団）を単一の組織体とみなして,親会社が当該企業集団の財政状態,経営成績およびキャッシュ・フローの状況を総合的に報告するために作成するものである」（連結基準,第1項）と規定される。

連結財務諸表（企業集団）

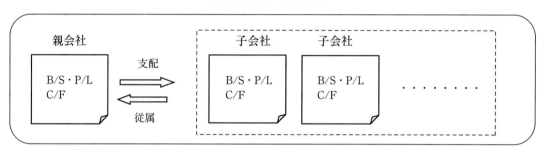

(注) C/F はキャッシュ・フロー計算書の略である。

　企業は,単独ではなく企業集団を形成し経営活動の多角化をおこなっているので,個別企業の**単独決算**だけでは企業の経営実態を正しく把握できない。そこで,企業の集団経営の実態をより正確に投資家などの利害関係者に知らせるために,企業グループをひとまとめにして**連結決算**をおこない,連結財務諸表を作成し,連結情報を利害関係者に開示することが必要となる。

　連結財務諸表とは,支配従属関係にある2つ以上の企業からなる企業集団を単一の組織体とみなして,**親会社**が当該企業集団の財政状態および経営成績を総合的に報告するために作成するもので,親会社は,まず自社単独で決算をおこない財務諸表を作成し,次に**子会社**および**関連会社**を含めた決算をおこない（**連結決算**）,これにより連結財務諸表を作成する。ただし,2級では,関連会社との連結決算は出題範囲に含まれない。

　連結財務諸表には,（1）**連結貸借対照表**,（2）**連結損益計算書**,（3）**連結キャッシュ・フロー計算書**,（4）**連結株主資本等変動計算書**,（5）**連結附属明細表**がある。2級では,（1）,（2）および（3）の一部が出題される。

第2節　連結の範囲

　連結財務諸表を作成するためには，連結の対象となる企業集団の範囲を決定しなければならない。この場合，子会社と関連会社の範囲が問題となる。

　子会社の判断基準は，親会社が直接・間接を問わず，議決権の過半数を所有しているかどうかにより判定をおこなう**持株基準**から，持株比率が50％以下であっても，その会社への役員派遣・資金提供および取引関係などによって実質的に支配している**支配力基準**に変わった。支配力基準は，他の会社の意思決定機関を実質的に支配しているかどうかを重視し，子会社の範囲を判定するもので，連結範囲に含まれる子会社を**連結子会社**という。

　親会社は，他の企業の財務および営業または事業の方針を決定する機関（意思決定機関）を支配している企業，子会社は，当該他の企業である。また，親会社および子会社が他の企業の意思決定機関を支配している場合，当該他の企業もその親会社の子会社とみなす（連結基準，第6項）。

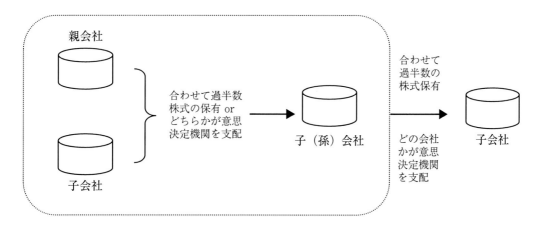

　子会社の判定基準は，次のとおりである。

（1）グループ会社と合わせた持株比率が50％超の会社を**子会社**といい，グループ会社とは，子会社および孫会社をいう。

（2）持株比率が50％以下（40％以上）であっても，意思決定機関を支配していることが推定できると考えられる次の場合は子会社になる（連結基準，第7項）。

　① 議決権を行使しない株主が存在することにより，株主総会において議決権の過半数を継続的に占めることができる

　② 役員や関連会社など協力的な株主の存在により，株主総会において議決権の過半数を継続的に占めることができる

　③ 役員もしくは従業員である者またはこれらであった者が，取締役会の構成員の過半数を継続的に占めることができる

　④ 重要な財務および営業の方針決定を支配する契約などが存在する

　ただし，（1）支配が一時的，（2）連結により利害関係者の判断を著しく誤らせるおそれのある企業は，連結の範囲に含めない（連結基準，第14項）。これらの企業を，**非連結子会社**という。

　親会社が（1）子会社以外の他の会社で議決権の20％以上を有している場合（それが一時的であると認められる場合を除く），（2）議決権の20％未満であっても次のように重要な財務および営業の方針決定に影響を与えることができる場合（**影響力基準**），当該会社を関連会社という（持分法基準，第5-2項）。
　① 代表取締役等の派遣
　② 重要な融資（債務保証，担保提供を含む）を実施
　③ 重要な技術を提供
　④ 重要な販売，仕入取引である
　⑤ 財務，経営，事業の方針決定に対し重要な影響を与えると推測される

　関連会社に持分法を適用し，最終損益を持株比率に応じて比例配分し，**持分法投資損益**として親会社の損益計算書に反映させる。これは，投資にかかわる損益なので営業外損益として計上する。つまり，持分法は，関連会社の業績を子会社と連結経常損益に反映させるのを目的としている。ただし，2級の出題範囲ではない。

第3節　会計方針および連結決算日の統一

　連結会社間で会計処理の原則および手続が異なる場合には，そのまま単純に合算するというわけにはいかない。親会社および子会社のいずれか一方の会計方針に統一する必要がある。さらに，**連結決算日**について，親会社の決算日を原則とし，子会社の決算日が親会社の決算日と異なる場合には，**正規の決算**に準ずる合理的な手続により決算をおこなわなければならない（連結基準，第16項）。

第4節　連結財務諸表作成の一般原則

連結財務諸表を作成する場合の一般原則は，次のように規定される。
（1）企業集団（連結財務諸表提出会社およびその子会社）の財政状態，経営成績およびキャッシュ・フローの状況に関する真実な内容を表示する（連結基準，第9項）。これは，**真実性の原則**といわれ，真実とは絶対的なものではなく，相対的なものである。
（2）一般に公正妥当と認められる企業会計の基準に準拠して作成された連結会社の個別財務諸表を基礎として作成される（連結基準，第10項）。これは，**個別財務諸表基準性の原則**といわれ，連結第1年度と連結第2年度以降において，連結財務諸表は，次のようなプロセスを経て作成される。

連結第1年度

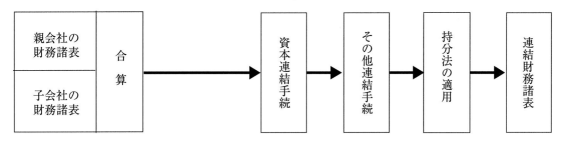

連結第2年度以降

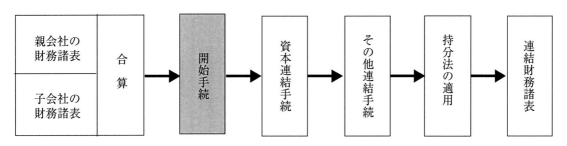

　連結第1年度は，親会社の財務諸表と子会社の財務諸表を合算するが，後述の連結貸借対照表の作成基準（連結基準，第18項）および連結損益計算書の作成基準（連結基準，第34項），により連結財務諸表を作成する。なお，関連会社の持分法の適用は，前述のように2級では出題されない。

　連結第2年度は，連結剰余金当期首残高の処理のための開始手続，支配獲得後の子会社株式の追加取得の資本連結手続があり，その他は連結第1年度と同じ手続を経て，連結財務諸表を作成する。

（3）連結財務諸表提出会社の利害関係者に対して，企業集団の財政，経営およびキャッシュ・フローの状況に関する判断を誤らせないために必要な財務情報を明瞭に表示する（連結基準，第11項）。これは，**明瞭性の原則**といわれ，企業秘密や費用対効果を考えすべての財務情報を表示するものではない。

（4）連結財務諸表提出会社が連結財務諸表作成のために採用する基準および手続については，正当な理由により変更を行う場合を除き，各連結会計年度を通じて継続して適用される（連結基準，第12項）。これは，**継続性の原則**といわれ，各年度の連結財務諸表の比較可能性を保証するものである。なお，連結財務諸表に記載すべき事項で同一の内容のものについては，正当な理由がある場合を除き，連結財務諸表を作成する各連結会計年度を通じて，同一の表示方法を採用しなければならない。

（5）企業集団の財政状態，経営成績およびキャッシュ・フローの状況に関する利害関係者の判断を誤らせない限り簡略化できる（連結基準，注1）。これは，**重要性の原則**と

いわれ，具体的には次の事項があげられる。①連結の範囲の決定，②子会社の決算日が連結決算日と異なる場合の仮決算の手続，③連結のための個別財務諸表の修正，④子会社の資産および負債の評価，⑤のれんの処理，⑥未実現利益の消去，⑦連結財務諸表の表示など。

第5節　連結貸借対照表の作成基準

「連結貸借対照表は，親会社及び子会社の個別貸借対照表における資産，負債及び純資産の金額を基礎とし，子会社の資産及び負債の評価，連結会社相互間の投資と資本及び債権債務の相殺消去等の処理を行って作成する。」（連結基準，第18項）

「子会社の資産及び負債の評価」は，2級の出題範囲に含まれないので本書では取り上げない。「連結会社相互間の投資と資本及び債権債務の相殺消去等の処理」については，後述の設例および練習問題で理解を深める。

第6節　連結損益計算書の作成基準

連結損益計算書などは，「親会社及び子会社の個別損益計算書等における収益，費用等の金額を基礎とし，連結会社相互間の取引高の相殺消去及び未実現損益の消去等の処理を行って作成する」（連結基準，第34項）とされる。これらは，後述の設例および練習問題で理解を深める。

練習問題

問1　次の図の数値はP社の他社議決権株式における保有割合を示している。B社への数値61％，C社への数値20％，E社への数値21％はA社が保有する割合である。なお，P社はD社の意思決定機関を支配している一定の事実が認められる。これから，子会社に該当する会社はどれか，該当する会社に○をつけなさい。

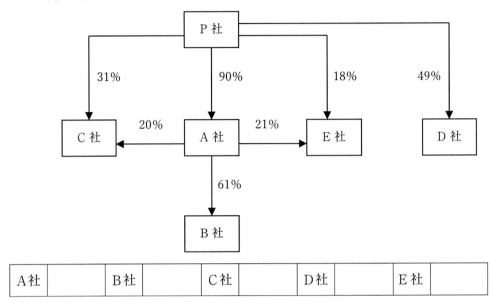

A社		B社		C社		D社		E社	

問2　次の（　）のなかに適当な用語を下記語群より選び，記号を解答欄に記入しなさい。

　連結財務諸表とは，（①）にある2つ以上の会社からなる（②）を単一の組織体とみなして，親会社が当該（②）の財政状態，経営成績およびキャッシュ・フローの状況を総合的に報告するために作成する。

語群

a. 支配従属関係　b. 企業集団　c. 子会社　d. 親会社　e. 関連会社

①		②	

問3 次の（　）のなかに適当な用語を下記語群より選び，記号を解答欄に記入しなさい。

連結決算日について連結基準は，（①）の決算日を原則とし，（②）の決算日が（①）の決算日と異なる場合には，（③）に準ずる合理的な手続により決算をおこなわなければならない。

語群

a. 親会社　b. 正規の決算　c. 子会社　d. 確定決算　e. 関連会社

①		②		③	

問4 次の（　）のなかに適当な用語を下記語群より選び，記号を解答欄に記入しなさい。

（1）一般に（①）と認められる企業会計の基準に準拠して作成された（②）の財務諸表を基礎として作成する。

（2）連結財務諸表提出会社の（③）に対して，（④）の財政状態，経営成績およびキャッシュ・フローの状況に関する判断を誤らせないために必要な財務情報を（⑤）に表示する。

（3）連結財務諸表提出会社が連結財務諸表作成のために採用する基準および手続については，（⑥）により変更を行う場合を除き，各連結会計年度を通じて（⑦）して適用する。

語群

a. 公正妥当　b. 明瞭　c. 継続　d. 持分法　e. 親会社　f. 個別　g. 配分　h. 比較 i. 営業外損益　j. 特別利益　k. 企業集団　l. 正当な理由　m. 利害関係者　n. 真実

①		②		③		④		⑤	
⑥		⑦							

第3章　資本連結─完全子会社

第1節　支配獲得日

　支配獲得日における資本連結，すなわち投資と資本の相殺消去について，次のように規定されている。

（1）子会社の資産および負債は，支配獲得日の時価評価（**全面時価法**）により，**評価差額**は子会社の資本となる（連結基準，第21項）。ただし，重要性がない場合は，子会社の個別B/Sの金額によることができる（連結基準，第22項）。例えば，子会社の諸資産のうち土地（帳簿価額2,000千円）が支配獲得日に時価2,500千円であった場合は，次のように仕訳をする（単位：千円）。

借方科目	金　額	貸方科目	金　額
土　　　　　　　地	500	評　価　差　額	500

ただし，この全面時価法は，1級の出題範囲であり，2級において出題されない。

（2）親会社の子会社に対する投資の金額は，支配獲得日における時価による（連結基準，第23項（1））。2級では，時価でなく親会社のB/Sの子会社株式の金額である。

（3）**子会社の資本**は，純資産の部における**株主資本**および**評価・換算差額等**と**評価差額**からなる（連結基準，第23項（2））。前述のように，評価差額の処理は2級の出題範囲ではない。また，**評価・換算差額等**も出題されず，株主資本のうち**資本金**，**資本剰余金**および**利益剰余金**と親会社の**子会社株式**が相殺消去され，のれんを計算する問題が出題される。

　P社はS社の発行済株式総数の100％を所有し，決算日（3月31日）に支配を獲得している場合の資本連結は，次のとおりである。

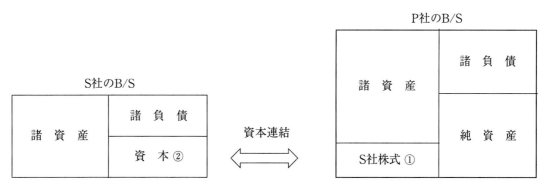

①＞②の場合の資本連結の連結仕訳は，次のとおりである。

借方科目	金 額	貸方科目	金 額
資　　　本　　　金	×××	S　社　株　式	×××
資　本　剰　余　金	×××		
利　益　剰　余　金	×××		
の　　　れ　　　ん	×××		

　親会社の子会社に対する投資とこれに対応する子会社の資本との相殺消去にあたり，差額は**のれん**として処理する。借方に発生したのれんを**正ののれん**といい，支配獲得日後に20年以内のその効果の及ぶ期間に定額法その他合理的な方法により規則的に償却（**のれん償却**）をする（企業結合基準，第32項）。

　①＜②の場合の資本連結の連結仕訳は，次のとおりである。

借方科目	金 額	貸方科目	金 額
資　　　本　　　金	×××	S　社　株　式	×××
資　本　剰　余　金	×××	負ののれん発生益	×××
利　益　剰　余　金	×××		

　貸方に発生したのれんを**負ののれん**といい，**負ののれん発生益**として収益（特別利益）に計上する（企業結合基準，第33項）。ただし，このケースはまれである。

　正ののれんが発生した場合の連結B/Sは，次のようになる。

連結 B/S

　②③④⑧の数字は，次の**連結精算表**（B/Sのみ）の投資と資本の相殺消去による。

連 結 精 算 表

X0 年 00 月 00 日

勘定科目	P社		S社		修正消去		連結貸借対照表	
	借 方	貸 方	借 方	貸 方	借 方	貸 方	借 方	貸 方
諸　資　産	×××		×××				×××	
S　社　株　式	×××					①×××		
諸　負　債		×××		×××				×××
資　本　金		②×××		⑤×××	⑤×××			②×××
資本剰余金		③×××		⑥×××	⑥×××			③×××
利益剰余金		④×××		⑦×××	⑦×××			④×××
の　れ　ん					⑧×××		⑧×××	
	×××	×××	×××	×××	×××	×××	×××	×××

　S社株式①とS社の資本（資本金⑤＋資本剰余金⑥＋利益剰余金⑦）の差額がのれん⑧として，計上される。連結B/Sの資本金②，資本剰余金③および利益剰余金④は，P社の資本金②，資本剰余金③および利益剰余金④となる。

【設例1】
　P社（決算日は3月31日）は，X1年3月31日にS社の発行済株式総数の100％を 280,000 千円で取得し，支配を獲得した。同日におけるS社の資産および負債の時価は帳簿価額と同額であった。支配獲得日の連結仕訳をしなさい。

貸 借 対 照 表

X1 年 3 月 31 日　　　　　　　　　（単位：千円）

資　産	P社	S社	負債・純資産	P社	S社
諸　資　産	750,000	370,000	諸　負　債	458,000	150,000
S　社　株　式	280,000		資　本　金	110,000	60,000
			資本剰余金	10,000	20,000
			利益剰余金	452,000	140,000
資 産 合 計	1,030,000	370,000	負債・純資産合計	1,030,000	370,000

支配獲得日の連結仕訳は，次のとおりである（単位：千円）。

借方科目	金　額	貸方科目	金　額
資　　　本　　　金	60,000	S　社　株　式	280,000
資　本　剰　余　金	20,000		
利　益　剰　余　金	140,000		
の　　　れ　　　ん	60,000		

【設例1】を連結精算表で修正消去をして，連結 B/S を作成すると次のようになる。

連　結　精　算　表

X1 年 3 月 31 日　　　　　　　　　　（単位：千円）

勘定科目	P社		S社		修正消去		連結貸借対照表	
	借　方	貸　方	借　方	貸　方	借　方	貸　方	借　方	貸　方
諸　資　産	750,000		370,000				1,120,000	
S 社 株 式	280,000					280,000		
諸　負　債		458,000		150,000				608,000
資　本　金		110,000		60,000	60,000			110,000
資本剰余金		10,000		20,000	20,000			10,000
利益剰余金		452,000		140,000	140,000			452,000
の　れ　ん						60,000	60,000	
	1,030,000	1,030,000	370,000	370,000	280,000	280,000	1,180,000	1,180,000

第2節　支配獲得日後―開始仕訳およびのれん償却

　支配獲得日後の翌期の連結精算表による投資と資本の相殺消去の開始仕訳は，次のようになる。利益剰余金に子会社の当期純利益は含まれていないことに注意すること。

借方科目	金　額	貸方科目	金　額
資　　　本　　　金	××××	S　社　株　式	××××
資　本　剰　余　金	××××		
利　益　剰　余　金	××××		
の　　　れ　　　ん	××××		

のれん償却連結仕訳は，連結 B/S 上のみ表示する場合は，利益剰余金の減少となる。

借方科目	金　額	貸方科目	金　額
利益剰余金（のれん償却）	×××	の　　れ　　ん	×××

　連結精算表（B/S のみ）による投資と資本の相殺消去の開始仕訳および当期ののれんの償却連結仕訳は，次のようになる。

連　結　精　算　表

X0 年 00 月 00 日

勘定科目	P 社		S 社		修正消去		連結貸借対照表	
	借　方	貸　方	借　方	貸　方	借　方	貸　方	借　方	貸　方
諸　　資　　産	×××		×××				×××	
S　社　株　式	×××					×××		
諸　　負　　債		×××		×××				×××
資　　本　　金		×××		×××	×××			×××
資　本　剰　余　金		×××		×××	×××			×××
利　益　剰　余　金	①×××		②×××		③×××			⑥×××
					④×××			
の　　れ　　ん					×××	⑤×××	⑦×××	
	×××	×××	×××	×××	×××	×××	×××	×××

（表中の注記）差額は当期純利益 ／ のれん償却

　連結 B/S の利益剰余金⑥は，P 社の利益剰余金①に S 社の当期利益剰余金増加分（②－③＝当期純利益）を加算し，のれん償却④を控除した金額になる。なお，③は資本連結時の S 社の利益剰余金である。連結 B/S ののれん⑦は，のれん償却⑤を控除した金額になる。

【設例2】

　X2年3月31日のP社とS社の貸借対照表は次のとおりである。連結に必要な仕訳をし，連結精算表を作成しなさい。なお，のれんは20年間で均等償却をする。

貸 借 対 照 表

X2年3月31日　　　　　　　　　　（単位：千円）

資　　産	P 社	S 社	負債・純資産	P 社	S 社
諸　資　産	798,000	430,000	諸　負　債	458,000	150,000
S 社 株 式	280,000		資　本　金	110,000	60,000
			資 本 剰 余 金	10,000	20,000
			利 益 剰 余 金	500,000	200,000
資 産 合 計	1,078,000	430,000	負債・純資産合計	1,078,000	430,000

　【設例1】の前期と当期のP社の利益剰余金の差額48,000千円，S社の利益剰余金の差額60,000千円は当期純利益である。本設例ではP社とS社の当期純利益は，各社諸資産の増加として処理している。したがって，諸負債に変動はない。

1　開始仕訳（単位：千円）

借方科目	金　　額	貸方科目	金　　額
資　　　　本　　　　金	60,000	S　社　株　式	280,000
資　本　剰　余　金	20,000		
利　益　剰　余　金	140,000		
の　　　れ　　　ん	60,000		

　S社の利益剰余金には当期純利益60,000千円が含まれているので，支配獲得日の利益剰余金は200,000千円 − 60,000千円 = 140,000千円となる。

2　当期のれん償却連結仕訳（単位：千円）

借方科目	金　　額	貸方科目	金　　額
利益剰余金（のれん償却）	3,000	の　　　れ　　　ん	3,000

　のれん償却　$60,000 千円 \times \dfrac{1年}{20年} = 3,000 千円$

　のれん償却は，連結 P/L 項目である。本設例では連結 B/S のみを作成するので，当期純利益が利益剰余金に振り替えられており，利益剰余金から控除する。連結 P/L では，のれん償却の分だけ当期純利益が減少し，その分が連結 B/S 上，利益剰余金の増加になる。

　【設例２】を連結精算表で修正消去をして，連結 B/S を作成すると次のようになる。

連 結 精 算 表

X1 年 3 月 31 日

（単位：千円）

勘定科目	P 社 借方	P 社 貸方	S 社 借方	S 社 貸方	修正消去 借方	修正消去 貸方	連結貸借対照表 借方	連結貸借対照表 貸方
諸 資 産	798,000		4300,000				1,228,000	
S 社 株 式	280,000					280,000		
諸 負 債		458,000		150,000				608,000
資 本 金		110,000		60,000	60,000			110,000
資 本 剰 余 金		10,000		20,000	20,000			10,000
利 益 剰 余 金		500,000		200,000	140,000			557,000
					3,000			
の れ ん					60,000	3,000	57,000	
	1,078,000	1,078,000	430,000	430,000	283,000	283,000	1,285,000	1,285,000

　連結会計では，P 社と S 社の各個別財務諸表を連結することにより，連結財務諸表を作成する。つまり，連結財務諸表が継続して存在し，支配獲得日後以降，それをもとに連結仕訳をおこない連結財務諸表を作成するのではない。

　２級での連結精算表を作成する問題では，個別 B/S，P/L および**株主資本等変動計算書**を経由して**連結財務諸表**を作成することがある。この場合，前期の利益剰余金の減少は，**利益剰余金当期首残高**の減少となる。そうなると，開始仕訳は次のようになる。

１　開始仕訳―資本連結

借方科目	金　額	貸方科目	金　額
資　　本　　金	×××	S　社　株　式	×××
資　本　剰　余　金	×××		
利益剰余金当期首残高	×××		
の　　れ　　ん	×××		

　連結 B/S のみを作成する場合の利益剰余金の変動は，**利益剰余金**で処理するが，連結精算表の株主資本等変動計算書を経由して連結財務諸表を作成する場合の利益剰余金の変動は，**利益剰余金当期首残高**で処理する。

2　のれん償却

　次に，連結 P/L において，のれんの償却をおこない，親・子会社の当期純利益から減算し，**親会社株主に帰属する当期純利益**を表示する。

借方科目	金　額	貸方科目	金　額
の　れ　ん　償　却	×××	の　　れ　　ん	×××

　なお，翌期に上記資本連結の開始仕訳をした後に，次の開始仕訳をおこなう。

借方科目	金　額	貸方科目	金　額
利益剰余金当期首残高	×××	の　　れ　　ん	×××

　支配獲得日の翌期の個別 B/S，P/L および株主資本等変動計算書による連結精算表の作成は，次のようになる。

連　結　精　算　表

X0 年 00 月 00 日　　　　　　　　　　　　（単位：千円）

勘定科目	個別財務諸表		修正消去		連結財務諸表
	P　社	S　社	借　方	貸　方	
貸　借　対　照　表					連結貸借対照表
諸　　資　　産	×××	×××			×××
S　社　株　式	×××			①×××	
の　　れ　　ん			①×××	②×××	❺×××
資　産　合　計	×××	×××	×××	×××	×××
諸　　負　　債	×××	×××			×××
資　　本　　金	❻×××	×××	①×××		❻×××
資　本　剰　余　金	❼×××	×××	①×××		❼×××
利　益　剰　余　金	❷×××	❷×××	❹×××		❽×××
負債・純資産合計	×××	×××	×××		×××
損　益　計　算　書					連結損益計算書
売　　上　　高	×××	×××			×××
売　　上　　原　　価	×××	×××			×××

	P社	S社			一致	
販売費及び一般管理費	×××	×××				×××
の　れ　ん　償　却			②×××			×××
当　期　純　利　益	❶×××	❶×××	②×××			❾×××
親会社株主に帰属する当期純利益	❶×××	❶×××	②×××			❾×××
株主資本等変動計算書					連結株主資本等変動計算書	
利益剰余金当期首残高	❸×××	❸×××	①×××			❿×××
親会社株主に帰属する当期純利益	❶×××	❶×××	②×××			⓫×××
利益剰余金当期末残高	❷×××	❷×××	❹×××			⓬×××

①　資本連結の開始仕訳，②は当期のれん償却である。

❶は，P社とS社の当期純利益（のれん償却控除前）である。

❷は，❸＋❶の合計額でP社およびS社の利益剰余金当期首残高にP社およびS社の各々の当期純利益を加算する。

❹は，S社の利益剰余金当期首残高①にのれん償却②を加算する。

❺は，のれん①からのれん償却②を控除する。

❻は，S社の資本金は相殺消去されており，P社の資本金❻になる。

❼は，S社の資本剰余金は相殺消去されており，P社の資本剰余金❼になる。

❽は，P社およびS社の利益剰余金当期末残高（当期純利益を含む）❷の合計から利益剰余金当期末残高❹を控除する。

❾は，P社およびS社の当期純利益❶の合計からのれんの償却②を控除する。これは，連結P/L上，親会社株主に帰属する当期純利益となる。

❿は，P社およびS社の利益剰余金当期首残高❸の合計からS社の利益剰余金当期首残高①を控除した連結財務諸表上の利益剰余金当期首残高である。

⓫は，P社およびS社の当期純利益❶の合計からのれん償却②を控除する。

⓬は，P社とS社の利益剰余金当期末残高❷からS社の利益剰余金当期首残高①にのれん償却②を加算した金額❹を控除した金額で，❿に⓫を加算した金額と一致する。また，連結B/Sの利益剰余金❽と一致する。

　【設例２】で，連結精算表において以下のようにP/L および株主資本等変動計算書（一部）がある場合の処理は，次のようになる。

　1　開始仕訳（単位：千円）

借方科目	金　　額	貸方科目	金　　額
資　　　　本　　　　金	60,000	子　会　社　株　式	280,000
資　本　剰　余　金	20,000		
利 益 剰 余 金 当 期 首 残 高	140,000		
の　　　れ　　　ん	60,000		

　2　当期のれん償却連結仕訳（単位：千円）

借方科目	金　　額	貸方科目	金　　額
の　れ　ん　償　却	3,000	の　　　れ　　　ん	3,000

のれん償却　$60,000 \text{千円} \times \dfrac{1\text{年}}{20\text{年}} = 3,000 \text{千円}$

　連結精算表を作成すると次のとおりである。

連 結 精 算 表

X2年3月31日　　　　　　　　　　　　（単位：千円）

勘定科目	P 社		修正消去		連結財務諸表
	P 社	S 社	借 方	貸 方	
貸 借 対 照 表					連結貸借対照表
諸 資 産	798,000	430,000			1,228,000
S 社 株 式	280,000			①280,000	0
の れ ん			60,000	②　3,000	57,000
資 産 合 計	1,078,000	430,000	60,000	283,000	1,285,000
諸 負 債	458,000	150,000			608,000
資 本 金	110,000	60,000	60,000		110,000
資 本 剰 余 金	10,000	20,000	20,000		10,000
利 益 剰 余 金	500,000	200,000	143,000		557.000
負債・純資産合計	1,078,000	430,000	223,000	0	1,285,000
損 益 計 算 書					連結損益計算書
売 上 高	210,000	150,000			360,000
売 上 原 価	150,000	85,000			235,000
販売費及び一般管理費	12,000	5,000			17,000
の れ ん 償 却			3,000		3,000
当 期 純 利 益	48,000	60,000	3,000		105,000
親会社株主に帰属する当期純利益	48,000	60,000	3,000	0	105,000
株主資本等変動計算書					連結株主資本等変動計算書
利益剰余金当期首残高	452,000	140,000	140,000		452,000
親会社株主に帰属する当期純利益	48,000	60,000	3,000		105,000
利益剰余金当期末残高	500,000	200,000	143,000	0	557,000

　個別財務諸表の株主資本等変動計算書のP社およびS社の利益剰余金当期首残高は，当期純利益を加算する前の金額で，これに**親会社株主に帰属する当期純利益**（100％支配権を有するので当期純利益の全額がP社に帰属する）をP社とS社に各々加算し，開始仕訳のS社利益剰余金期首残高を相殺消去し，のれん償却を控除すると，連結精算表の連結株主資本等変動計算書の利益剰余金当期末残高は557,000千円になる。なお，貸方の相殺消去はないので0千円である。連結B/Sの利益剰余金当期末残高は，P社およびS社の利益剰余金から（S社の利益剰余金当期首残高＋のれん償却）を控除すると557,000千円になる。

X3.3.31 に P 社と S 社が前期と同じ当期純利益を計上すると，B/S は次のようになる。

貸 借 対 照 表

X3 年 3 月 31 日 （単位：千円）

資　産	P 社	S 社	負債・純資産	P 社	S 社
諸　資　産	846,000	490,000	諸　負　債	458,000	150,000
S 社 株 式	280,000		資　本　金	110,000	60,000
			資 本 剰 余 金	10,000	20,000
			利 益 剰 余 金	548,000	260,000
資 産 合 計	1,126,000	490,000	負債・純資産合計	1,126,000	490,000

P 社の利益剰余金は 452,000 千円（X1.3.31）＋ 48,000 千円（X2.3.31）＋ 48,000 千円（X3.3.31）＝ 548,000 千円となる。S 社の利益剰余金は 140,000 千円（X1.3.31）＋ 60,000 千円（X2.3.31）＋ 60,000 千円（X3.3.31）＝ 260,000 千円となる。

上記の P 社と S 社の B/S をもとに，X3 年 3 月 31 日の連結精算表を作成するには，次の連結仕訳をする必要がある。

1　開始仕訳―資本連結（単位：千円）

借方科目	金　額	貸方科目	金　額
資　　本　　金	60,000	S　社　株　式	280,000
資 本 剰 余 金	20,000		
利益剰余金当期首残高	140,000		
の　　れ　　ん	60,000		

2　開始仕訳―前期のれん償却（単位：千円）

借方科目	金　額	貸方科目	金　額
利益剰余金当期首残高	3,000	の　　れ　　ん	3,000

3　X3 年 3 月 31 日ののれん償却（単位：千円）

借方科目	金　額	貸方科目	金　額
の　れ　ん　償　却	3,000	の　　れ　　ん	3,000

連 結 精 算 表

X3 年 3 月 31 日　　　　　　　　　（単位：千円）

| 勘定科目 | 個別財務諸表 | | 修正消去 | | 連結財務諸表 |
	P 社	S 社	借 方	貸 方	
貸 借 対 照 表					連結貸借対照表
諸 資 産	846,000	490,000			1,336,000
S 社 株 式	280,000			280,000	
の れ ん			60,000	3,000	54,000
				3,000	
資 産 合 計	1,126,000	490,000	60,000	286,000	1,390,000
諸 負 債	458,000	150,000			608,000
資 本 金	110,000	60,000	60,000		110,000
資 本 剰 余 金	10,000	20,000	20,000		10,000
利 益 剰 余 金	548,000	260,000	146,000		662.000
負債・純資産合計	1,126,000	490,000	226,000	0	1,390,000
損 益 計 算 書					連結損益計算書
売 上 高	210,000	150,000			360,000
売 上 原 価	150,000	85,000			235,000
販売費及び一般管理費	12,000	5,000			17,000
の れ ん 償 却			3,000		3,000
当 期 純 利 益	48,000	60,000	3,000		105,000
親会社株主に帰属する当期純利益	48,000	60,000	3,000	0	105,000
株主資本等変動計算書					連結株主資本等変動計算書
利益剰余金当期首残高	500,000	200,000	140,000		557,000
				3,000	
親会社株主に帰属する当期純利益	48,000	60,000	3,000		105,000
利益剰余金当期末残高	548,000	260,000	146,000	0	662,000

　連結B/Sの利益剰余金は，連結精算表上のP社およびS社の利益剰余金当期末残高（548,000千円＋260,000千円）から146,000千円を修正消去し，662,000千円となる。

支配獲得日の翌期（X1期）と翌々期（X2期）の連結仕訳の流れは，次のようになる。

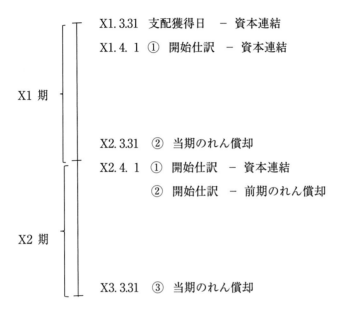

X1期
- X1.3.31 支配獲得日 － 資本連結
- X1.4.1 ① 開始仕訳 － 資本連結
- X2.3.31 ② 当期のれん償却

X2期
- X2.4.1 ① 開始仕訳 － 資本連結
- ② 開始仕訳 － 前期のれん償却
- X3.3.31 ③ 当期のれん償却

　個別B/S上のP社とS社の利益剰余金の変動は，X1.3.31支配獲得日の利益剰余金がX1.4.1の当期首残高になり，それにX1期の当期純利益を加算してX2.3.31の当期末残高になる。X2.3.31の当期末残高はX2.4.1の当期首残高になり，それにX2期の当期純利益を加算してX3.3.31の当期末残高になる。ただし，開始仕訳の利益剰余金の金額は，支配獲得日の利益剰余金の金額である。

練習問題

問1 P社（決算日は3月31日）は，X1年3月31日にS社の発行済株式総数の100％を296,000千円で取得し，支配を獲得した。支配獲得日の連結精算表（一部）を完成しなさい。

連 結 精 算 表

X1年3月31日

（単位：千円）

勘定科目	P社 借方	P社 貸方	S社 借方	S社 貸方	修正消去 借方	修正消去 貸方	連結貸借対照表 借方	連結貸借対照表 貸方
諸 資 産	734,000		370,000					
S 社 株 式	296,000							
諸 負 債		458,000		150,000				
資 本 金		120,000		70,000				
資本剰余金		302,000		90,000				
利益剰余金		150,000		60,000				
（　　　）								
	1,030,000	1,030,000	370,000	370,000				

問2 P社（3月決算）は，X1年3月31日にS社の発行済株式総数の100%を取得し，支配を獲得している。X2年3月31日のP社とS社の個別財務諸表は連結精算表に示すとおりである。連結精算表を完成しなさい。なお，のれんは10年間で均等償却をする。

連 結 精 算 表

X2年3月31日　　　　　　　　（単位：千円）

勘定科目	個別財務諸表 P社	個別財務諸表 S社	修正消去 借方	修正消去 貸方	連結財務諸表
貸 借 対 照 表					**連結貸借対照表**
諸 資 産	772,000	390,000			1,162,000
S 社 株 式	296,000			296,000	
の れ ん			76,000	7,600	68,400
資 産 合 計	1,068,000	390,000			1,230,400
諸 負 債	458,000	150,000			608,000
資 本 金	120,000	70,000	70,000		120,000
資 本 剰 余 金	302,000	90,000	90,000		302,000
利 益 剰 余 金	188,000	80,000	67,600		200,400
負 債・純 資 産 合 計	1,068,000	390,000			1,230,400
損 益 計 算 書					**連結損益計算書**
売 上 高	250,000	100,000			350,000
売 上 原 価	200,000	75,000			275,000
販売費及び一般管理費	12,000	5,000			17,000
の れ ん 償 却			7,600		7,600
当 期 純 利 益	38,000	20,000	7,600		50,400
親会社株主に帰属する当期純利益	38,000	20,000	7,600		50,400
株主資本等変動計算書					**連結株主資本等変動計算書**
利益剰余金当期首残高	150,000	60,000	60,000		150,000
親会社株主に帰属する当期純利益	38,000	20,000	7,600		50,400
利益剰余金当期末残高	188,000	80,000	67,600		200,400

問3 X2年3月31日のP社とS社の貸借対照表は次のとおりである。連結貸借対照表を作成しなさい。

貸 借 対 照 表

X2年3月31日　　　　（単位：千円）

資　産	P社	S社	負債・純資産	P社	S社
諸　資　産	2,400,000	620,000	諸　負　債	1,000,000	250,000
S 社 株 式	400,000		資　本　金	800,000	150,000
			資 本 剰 余 金	400,000	80,000
			利 益 剰 余 金	600,000	140,000
資 産 合 計	2,800,000	620,000	負債・純資産合計	2,800,000	620,000

P社はX1年3月31日にS社株式の100％を取得し，支配を獲得した。なお，のれんは20年にわたり定額法で償却する。また，S社の当期純利益は40,000千円である。

貸 借 対 照 表

X2年3月31日　　　　（単位：千円）

諸　資　産		諸　負　債	
（　　　　）		資　本　金	
		資 本 剰 余 金	
		利 益 剰 余 金	

問4 P社は，X1年3月31日にS社の株式を100％取得し，支配を獲得している。X3年3月31日のP社とS社の個別財務諸表は連結精算表に示すとおりである。連結精算表を完成しなさい。なお，X1年4月1日からX2年3月31日（前期）のS社の当期純利益は20,000千円で，のれんは10年間で均等償却をする。

連 結 精 算 表

X3年3月31日　　　　　　　（単位：千円）

勘定科目	個別財務諸表 P 社	個別財務諸表 S 社	修正消去 借　方	修正消去 貸　方	連結貸借対照表
貸 借 対 照 表					連結貸借対照表
諸　　資　　産	804,000	415,000			
S　社　株　式	296,000				
の　　れ　　ん					
資　産　合　計	1,100,000	415,000			
諸　　負　　債	458,000	150,000			
資　　本　　金	120,000	70,000			
資　本　剰　余　金	302,000	90,000			
利　益　剰　余　金	220,000	105,000			
負債・純資産合計	1,100,000	415,000			
損 益 計 算 書					連結損益計算書
売　　上　　高	280,000	120,000			
売　上　原　価	236,000	80,000			
販売費及び一般管理費	12,000	15,000			
の　れ　ん　償　却					
当　期　純　利　益	32,000	25,000			
親会社株主に帰属する当期純利益	32,000	25,000			
株主資本等変動計算書					連結株主資本等変動計算書
利益剰余金当期首残高	188,000	80,000			
親会社株主に帰属する当期純利益	32,000	25,000			
利益剰余金当期末残高	220,000	105,000			

第4章　資本連結─非支配株主持分

第1節　支配獲得日

　子会社の資本のうち親会社に帰属しない部分は**非支配株主持分**とする（連結基準，第26項）。P社はS社の発行済株式総数の過半数，残りをP社以外のS社の株主 (**非支配株主**) が所有し，決算日（3月31日）に支配を獲得している場合，**投資と資本の相殺消去**は次のとおりである。

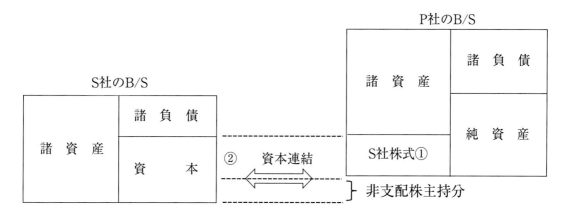

　なお，資本は，資本金，資本剰余金および利益剰余金からなる。

　①＞②の場合の資本連結仕訳は次のとおりである。

借方科目	金　額	貸方科目	金　額
資　　　本　　　金	×××	S　社　株　式	×××
資　本　剰　余　金	×××	非　支　配　株　主　持　分	×××
利　益　剰　余　金	×××		
の　　　れ　　　ん	×××		

　のれん⑧はＳ社株式①とＳ社の（資本金⑤＋資本剰余金⑥＋利益剰余金⑦）×Ｐ社の持株割合の差額，**非支配株主持分⑨**は（資本金⑤＋資本剰余金⑥＋利益剰余金⑦）×非支配株主の持株割合となる。

　正ののれんが発生した場合の連結Ｂ/Ｓは，次のようになる。

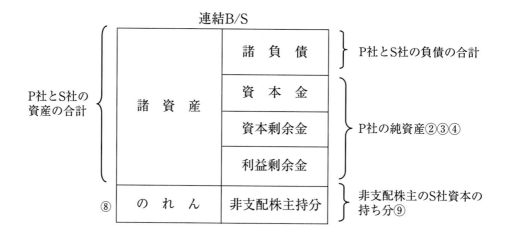

　②③④⑧⑨の数字は，次の**連結精算表**（B/Sのみ）の投資と資本の相殺消去による。

連 結 精 算 表

X0年00月00日

勘定科目	P社		S社		修正消去		連結貸借対照表	
	借 方	貸 方	借 方	貸 方	借 方	貸 方	借 方	貸 方
諸　資　産	×××		×××				×××	
Ｓ 社 株 式	①×××					①×××		
の　れ　ん					⑧×××		×××	
諸　負　債		×××		×××				×××
資　本　金	②×××			⑤×××	⑤×××			②×××
資 本 剰 余 金	③×××			⑥×××	⑥×××			③×××
利 益 剰 余 金	④×××			⑦×××	⑦×××			④×××
非支配株主持分						⑨×××		×××
	×××	×××	×××	×××	×××	×××	×××	×××

　①＜②の場合の投資と資本の相殺消去（負ののれん）は省略。

【設例1】

　P社（決算日は3月31日）は，X1年3月31日にS社の発行済株式総数の80％を200,000千円で取得し，支配を獲得した。同日におけるS社の資産および負債の時価は帳簿価額と同額であった。支配獲得日の連結仕訳をしなさい。

貸　借　対　照　表

X1年3月31日　　　　　　　　　（単位：千円）

資　産	P社	S社	負債・純資産	P社	S社
諸　資　産	830,000	370,000	諸　負　債	458,000	150,000
S　社　株　式	200,000		資　本　金	110,000	60,000
			資本剰余金	10,000	20,000
			利益剰余金	452,000	140,000
資　産　合　計	1,030,000	370,000	負債・純資産合計	1,030,000	370,000

支配獲得日の資本連結仕訳は次のとおりである。

借方科目	金　額	貸方科目	金　額
資　　本　　金	60,000	S　社　株　式	200,000
資　本　剰　余　金	20,000	非　支　配　株　主　持　分	44,000
利　益　剰　余　金	140,000		
の　　れ　　ん	24,000		

　のれんは，S社の子会社株式200,000千円からS会社の純資産（60,000千円＋20,000千円＋140,000千円）×80％＝176,000千円を控除した24,000千円，非支配株主持分は，S社の純資産（60,000千円＋20,000千円＋140,000千円）×20％＝44,000千円となる。

【設例1】の連結仕訳を連結精算表で修正消去をし，連結 B/S を作成すると次のようになる。

連 結 精 算 表
X1 年 3 月 31 日　　　　　　　　　　　（単位：千円）

勘定科目	P 社		S 社		修正消去		連結貸借対照表	
	借 方	貸 方	借 方	貸 方	借 方	貸 方	借 方	貸 方
諸 資 産	830,000		370,000				1,200,000	
S 社 株 式	200,000					200,000		
諸 負 債		458,000		150,000				608,000
資 本 金		110,000		60,000	60,000			110,000
資 本 剰 余 金		10,000		20,000	20,000			10,000
利 益 剰 余 金		452,000		140,000	140,000			452,000
の れ ん					24,000		24,000	
非支配株主持分						44,000		44,000
	1,030,000	1,030,000	370,000	370,000	244,000	244,000	1,224,000	1,224,000

第2節　支配獲得日後

B/S のみの連結精算表では，翌期にまず次の資本連結の開始仕訳をおこなう。

1　開始仕訳 ①

借方科目	金 額	貸方科目	金 額
資 本 金	×××	S 社 株 式	×××
資 本 剰 余 金	×××		
利 益 剰 余 金	×××		
の れ ん	×××		

利益剰余金および非支配株主持分は，支配獲得日（X1.3.31）の金額である。

2 当期のれん償却連結仕訳 ②

借方科目	金　額	貸方科目	金　額
利　益　剰　余　金	×××	の　　れ　　ん	×××

3 子会社当期純利益の非支配株主持分への連結修正仕訳 ③

借方科目	金　額	貸方科目	金　額
利　益　剰　余　金	×××	非 支 配 株 主 持 分	×××

そこで，連結精算表を作成すると次のようになる。①②③は，上記連結仕訳である。

連　結　精　算　表

X0 年 00 月 00 日

勘定科目	P 社 借　方	P 社 貸　方	S 社 借　方	S 社 貸　方	修正消去 借　方	修正消去 貸　方	連結貸借対照表 借　方	連結貸借対照表 貸　方
諸　資　産	×××		×××				×××	
S　社　株　式	×××					①×××		
の　れ　ん					①×××	②×××	⑩×××	
諸　負　債		×××		×××				×××
資　本　金		④×××		⑦×××	①×××			④×××
資本剰余金		⑤×××		⑧×××	①×××			⑤×××
利益剰余金		⑥×××		⑨×××	①×××			⑪×××
					②×××			
					③×××			
非支配株主持分						①×××		⑫×××
						③×××		
	×××	×××	×××	×××	×××	×××	×××	×××

　連結 B/S の利益剰余金⑪は，P 社の利益剰余金（当期純利益を含む）⑥に S 社の利益剰余金（当期純利益を含む）⑨を加算し，支配獲得日の S 社の利益剰余金①，のれん償却分②および非支配株主に属する当期純利益③を減算する。連結 B/S 上の非支配株主持分⑫は，支配獲得日の持分①と非支配株主に属する当期純利益③を加算した金額になる。個別 B/S のみを連結する場合，損益の増減は利益剰余金および非支配株主持分の増減として処理する必要がある。

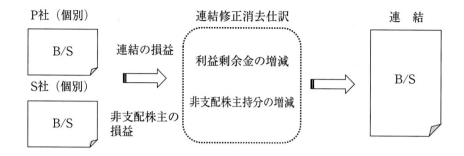

　次に，支配獲得日後の翌期の P/L および株主資本等変動計算書（一部）を含む連結精算表による**投資と資本の相殺消去**は，次のようになる。開始仕訳の利益剰余金や非支配株主持分の当期首残高には，子会社の当期純利益は含まれていないことに注意する。

1　開始仕訳

借方科目	金　額	貸方科目	金　額
資　　本　　金	×××	S　社　株　式	×××
資　本　剰　余　金	×××	非支配株主持分当期首残高	×××
利益剰余金当期首残高	×××		
の　　れ　　ん	×××		

　上記開始仕訳は，連結精算表が次の場合である。株主資本等変動計算書に**利益剰余金当期末残高**が表示されており，利益剰余金は B/S において直接に相殺消去するのではなく，**利益剰余金当期末残高**から B/S の利益剰余金を間接に相殺消去することはすでに説明したとおりである。同様に，非支配株主持分も直接に B/S で相殺消去するのではなく，**非支配株主持分当期末残高**から間接に B/S の非支配株主持分を相殺消去するので，開始仕訳の貸方は**非支配株主持分当期首残高**になっている。

2　当期のれん償却連結仕訳

借方科目	金　額	貸方科目	金　額
の　れ　ん　償　却	×××	の　　　れ　　　ん	×××

3　子会社当期純利益の非支配株主持分への連結修正仕訳

借方科目	金　額	貸方科目	金　額
非支配株主に帰属する当期純利益	×××	非支配株主持分当期変動額	×××

　個別財務諸表（B/S，P/L および株主資本等変動計算書）を連結する場合，B/S や P/L の修正消去は，利益剰余金および非支配株主持分を除き，各勘定科目を用いて連結仕訳をおこなう。利益剰余金の過年度減少は**利益剰余金当期首残高**，当期増加は**親会社株主に帰属する当期純利益**，非支配株主持分の過年度減少は**非支配株主持分当期首残高**，当期増減は**非支配株主持分当期変動額**により連結仕訳をする。

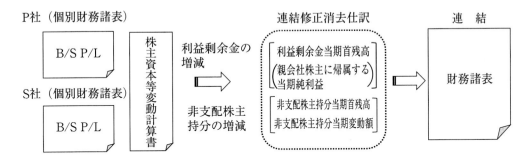

個別財務諸表のどれを用いて修正消去をおこなうかにより，連結仕訳が異なるので注意しなければならない。

　利益剰余金と非支配株主持分に係る連結精算表（一部）の作成は次のようになる。

連 結 精 算 表

X0 年 00 月 00 日　　　　　　　　　　　　　（単位：千円）

勘定科目	個別財務諸表		修正消去		連結財務諸表
	P 社	S 社	借　方	貸　方	
貸 借 対 照 表					連結貸借対照表
諸　　資　　産	×××	×××			×××
の　　れ　　ん			①×××	②×××	×××
資　産　合　計	×××	×××	×××	×××	×××
諸　　負　　債	×××	×××			×××
利　益　剰　余　金	×××	×××	▶❺×××	┄┄▶×××	×××
非 支 配 株 主 持 分			┄▶×××	▶❻×××	×××
負債・純資産合計	×××	×××	×××	×××	×××
損　益　計　算　書					連結損益計算書
の　れ　ん　償　却			②×××		×××
当　期　純　利　益	❶×××	❷×××	②×××		×××
非支配株主に帰属する当期純利益			③×××		×××
親会社株主に帰属する当期純利益	❶×××	❷×××	❸×××		❹×××
株主資本等変動計算書					連結株主資本等変動計算書
利益剰余金当期首残高	×××	×××	①×××		×××
親会社株主に帰属する当期純利益	×××	×××	❸×××		×××
利益剰余金当期末残高	×××	×××	❺×××	┄┄×××	×××
非支配株主持分期首残高			×××	①×××	×××
非支配株主持分当期変動額			×××	③×××	×××
非支配株主持分当期末残高			┄┄×××	❻×××	×××

　(注)┄┄┄▶については，第5章　連結会社相互間取引の相殺消去で取り上げる。

　P社の親会社株主に帰属する当期純利益❶にS社の当期純利益❷を加算し，❸を減算すると連結P/Lの親会社に帰属する当期純利益❹になる。❸はのれん償却②に非支配株主に帰属する当期純利益（❷×非支配株主の持株割合）③を加算する。

　非支配株主持分当期首残高①に非支配株主持分当期変動額（非支配株主に帰属する当期純利益）③を加算すると，非支配株主持分当期末残高❻になる。

　利益剰余金期末残高と非支配株主持分当期末残高は，B/Sにおいて修正消去せずに，株主資本等変動計算書において修正消去して表示し，矢印のようにB/Sへ記載する。

【設例2】

X2年3月31日のP社とS社の貸借対照表は次のとおりである。下記の連結精算表を作成するための連結仕訳をしなさい。なお，のれんは20年で均等償却する。

貸 借 対 照 表

X2年3月31日　　　　　　　　（単位：千円）

資　産	P 社	S 社	負債・純資産	P 社	S 社
諸　資　産	878,000	430,000	諸　負　債	458,000	150,000
S 社 株 式	200,000		資　本　金	110,000	60,000
			資 本 剰 余 金	10,000	20,000
			利 益 剰 余 金	500,000	200,000
資 産 合 計	1,078,000	430,000	負債・純資産合計	1,078,000	430,000

　前期【設例1】と当期【設例2】のP社の利益剰余金の差額48,000千円，S社の利益剰余金の差額60,000千円は当期純利益の計上額である。本設例ではP社とS社の当期純利益は，各社諸資産の増加として処理している。したがって，諸負債に変動はない。

1　開始仕訳（単位：千円）

借方科目	金　額	貸方科目	金　額
資　　本　　金	60,000	S　社　株　式	200,000
資　本　剰　余　金	20,000	非支配株主持分当期首残高	44,000
利益剰余金当期首残高	140,000		
の　　れ　　ん	24,000		

2　当期のれん償却連結仕訳（単位：千円）

借方科目	金　額	貸方科目	金　額
の　れ　ん　償　却	1,200	の　　れ　　ん	1,200

のれん償却　$24,000 \times \dfrac{1年}{20年} = 1,200$

3　S社当期純利益の非支配株主持分への連結修正仕訳（単位：千円）

借方科目	金　額	貸方科目	金　額
非支配株主に帰属する当期純利益	12,000	非支配株主持分当期変動額	12,000

S社の当期純利益　60,000千円× 20％ = 12,000千円

　　株主資本等変動計算書（利益剰余金期末残高および非支配株主持分期末残高）を経由して，連結仕訳をおこなうので，仕訳の表示科目は利益剰余金ではなく利益剰余金当期首残高，非支配株主持分ではなく非支配株主持分当期首残高および当期変動額で処理していることに注意すること！

　【設例2】にもとづき連結精算表を完成すると次のようになる。

連 結 精 算 表

X2 年 3 月 31 日　　　　　　　　　　　　　（単位：千円）

勘定科目	個別財務諸表		修正消去		連結財務諸表
	P 社	S 社	借 方	貸 方	
貸 借 対 照 表					連結貸借対照表
諸　　資　　産	878,000	430,000			1,308,000
S　社　株　式	200,000			200,000	
の　　れ　　ん			24,000	1,200	22,800
	1,078,000	430,000	24,000	201,200	1,330,800
諸　　負　　債	458,000	150,000			608,000
資　　本　　金	110,000	60,000	60,000		110,000
資　本　剰　余　金	10,000	20,000	20,000		10,000
利　益　剰　余　金	500,000	200,000	153,200		546,800
非 支 配 株 主 持 分				56,000	56,000
	1,078,000	430,000	233,200	56,000	1,330,800
損　益　計　算　書					連結損益計算書
売　　上　　高	210,000	150,000			360,000
売　　上　　原　　価	150,000	85,000			235,000
販売費及び一般管理費	12,000	5,000			17,000
の　れ　ん　償　却			1,200		1,200
当　期　純　利　益	48,000	60,000	1,200		106,800
非支配株主に帰属する当期純利益			12,000		12,000
親会社株主に帰属する当期純利益	48,000	60,000	13,200	0	94,800
株主資本等変動計算書					連結株主資本等変動計算書
利益剰余金当期首残高	452,000	140,000	140,000		452,000
親会社株主に帰属する当期純利益	48,000	60,000	13,200		94,800
利益剰余金当期末残高	500,000	200,000	153,200	0	546,800
非支配株主持分期首残高				44,000	44,000
非支配株主持分当期変動額				12,000	12,000
非支配株主持分当期末残高			0	56,000	56,000

　次に，翌々期の開始仕訳であるが，前期ののれん償却と支配株主持分に帰属する当期純利益は，利益剰余金当期首残高と次の連結仕訳が必要になる。

1　開始仕訳−資本連結（1）

借方科目	金　額	貸方科目	金　額
資　　本　　金	×××	S　社　株　式	×××
資　本　剰　余　金	×××	非支配株主持分当期首残高	×××
利益剰余金当期首残高	×××		
の　　れ　　ん	×××		

利益剰余金当期首残高および非支配株主持分当期首残高は，支配獲得日における金額である。

2　開始仕訳−前期のれん償却（2）

借方科目	金　額	貸方科目	金　額
利益剰余金当期首残高	×××	の　　れ　　ん	×××

3　開始仕訳−前期非支配株主に帰属する当期純利益（3）

借方科目	金　額	貸方科目	金　額
利益剰余金当期首残高	×××	非支配株主持分当期首残高	×××

4　当期のれんの償却連結仕訳 ①

借方科目	金　額	貸方科目	金　額
の　れ　ん　償　却	×××	の　　れ　　ん	×××

5　子会社当期純利益の非支配株主持分への連結修正仕訳 ②

借方科目	金　額	貸方科目	金　額
非支配株主に帰属する当期純利益	×××	非支配株主持分当期変動額	×××

子会社の当期純利益を非支配株主の持株割合で案分する。

利益剰余金と非支配株主持分に係る連結精算表（一部）は，次のようになる。

連 結 精 算 表

X0年00月00日

（単位：千円）

勘定科目	個別財務諸表 P 社	個別財務諸表 S 社	修正消去 借方	修正消去 貸方	連結財務諸表
貸 借 対 照 表					連結貸借対照表
諸 資 産	×××	×××			×××
の れ ん			(1) ×××	(2) ×××	×××
				① ×××	
資 産 合 計	×××	×××	×××		×××
諸 負 債	×××	×××			×××
利 益 剰 余 金	×××	×××	→❷×××		×××
非 支 配 株 主 持 分				→❸×××	×××
負 債・純 資 産 合 計	×××	×××	×××	×××	×××
損 益 計 算 書					連結損益計算書
の れ ん 償 却			① ×××		×××
当 期 純 利 益	×××	×××	① ×××		×××
非支配株主に帰属する当期純利益			② ×××		
親会社株主に帰属する当期純利益	×××	×××	❶×××		×××
株主資本等変動計算書					連結株主資本等変動計算書
利益剰余金当期首残高	×××	×××	(1) ×××		×××
			(2) ×××		
			(3) ×××		
親会社株主に帰属する当期純利益	×××	×××	→❶×××		×××
利益剰余金当期末残高	×××	×××	└❷×××		×××
非支配株主持分期首残高				(1) ×××	×××
				(3) ×××	
非支配株主持分当期変動額				②×××	×××
非支配株主持分当期末残高				└❸×××	×××

❶は，当期のれん償却①と非支配株主に帰属する当期純利益②を加算，❷は，開始仕訳の利益剰余金当期首残高（1），のれん（2）および非支配株主持分当期首残高（3）に❶を

加算する。❸は，開始仕訳の非支配株主持分当期首残高（1），前期および当期の非支配株主持分に帰属する当期純利益（3）および②の加算である。

　X1.3.31 にP社がS社の支配を獲得した場合，非支配株主に帰属する当期純利益の前期（X1期）と当期（X2期）の連結仕訳の流れは，次のようになる。

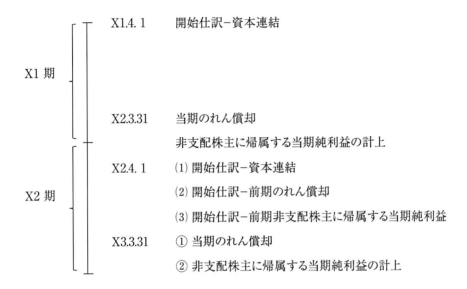

X1 期	X1.4. 1	開始仕訳−資本連結
	X2.3.31	当期のれん償却
		非支配株主に帰属する当期純利益の計上
X2 期	X2.4. 1	⑴ 開始仕訳−資本連結
		⑵ 開始仕訳−前期のれん償却
		⑶ 開始仕訳−前期非支配株主に帰属する当期純利益
	X3.3.31	① 当期のれん償却
		② 非支配株主に帰属する当期純利益の計上

　X1 期に連結仕訳で子会社の当期純利益から非支配株主に帰属する当期純利益を控除して親会社株主に帰属する当期純利益を表示するが，子会社の当期純利益は子会社の利益剰余金として子会社の個別Ｂ／Ｓにおいて繰り越される。したがって，翌期（X2期）の開始仕訳で前期非支配株主に帰属する当期純利益（非支配株主持分当期首残高）を利益剰余金から控除する必要がある。

44 ——○

【設例3】

　X1年3月31日に支配権を獲得した親会社P社と子会社S社のX3年3月31日の貸借対照表および損益計算書は，連結精算表に示すとおりである。連結精算表を完成しなさい。なお，X1年3月31日の支配権獲得日のS社の資本金60,000千円，資本剰余金20,000千円，利益剰余金140,000千円で，P社の持株割合80％であった。X2年3月31日にP社の当期純利益は48,000千円，S社の当期純利益は60,000千円であった。さらに，X3年3月31日もP社の当期純利益は48,000千円，S社の当期純利益は60,000千円であった。のれんは，20年にわたり定額法により償却する。（解答はゴシック）

連　結　精　算　表

X3 年 3 月 31 日　　　　　　　　　　　（単位：千円）

勘定科目	個別財務諸表		修正消去		連結財務諸表
	P　社	S　社	借　方	貸　方	
貸　借　対　照　表					連結貸借対照表
諸　　資　　産	926,000	490,000			1,416,000
S　社　株　式	200,000			200,000	
の　　れ　　ん			24,000	1,200	
				1,200	21,600
	1,126,000	490,000	24,000	202,400	1,437,600
諸　　負　　債	458,000	150,000			608,000
資　　本　　金	110,000	60,000	60,000		110,000
資　本　剰　余　金	10,000	20,000	20,000		10,000
利　益　剰　余　金	548,000	260,000	166,400		641,600
非　支　配　株　主　持　分				68,000	68,000
	1,126,000	490,000	246,400	68,000	1,437,600
損　　益　　計　　算　　書					連結損益計算書
売　　上　　高	210,000	150,000			360,000
売　　上　　原　　価	150,000	85,000			235,000
販売費及び一般管理費	12,000	5,000			17,000
の　れ　ん　償　却			1,200		1,200
当　　期　　純　　利　　益	48,000	60,000	1,200		106,800

					連結株主資本等変動計算書
非支配株主に帰属する当期純利益			12,000		12,000
親会社株主に帰属する当期純利益	48,000	60,000	13,200	0	94,800
<u>株主資本等変動計算書</u>					連結株主資本等変動計算書
利益剰余金当期首残高	500,000	200,000	140,000		546,800
			1,200		
			12,000		
親会社株主に帰属する当期純利益	48,000	60,000	13,200		94,800
利益剰余金当期末残高	548,000	260,000	166,400	0	641,600
非支配株主持分期首残高				44,000	56,000
				12,000	
非支配株主持分当期変動額				12,000	12,000
非支配株主持分当期末残高			0	68,000	68,000

1（1）開始仕訳−資本連結（単位：千円）

借方科目	金　額	貸方科目	金　額
資　本　金	60,000	S　社　株　式	200,000
資　本　剰　余　金	20,000	非支配株主持分当期首残高	44,000
利益剰余金当期首残高	140,000		
の　　れ　　ん	24,000		

剰余金当期首残高140,000千円（支配獲得日の金額）＝B/S上のS社の利益剰余金（当期末残高）260,000千円−前期の当期純利益60,000千円−当期の当期純利益60,000千円

1（2）開始仕訳−前期のれん（単位：千円）

借方科目	金　額	貸方科目	金　額
利 益 剰 余 金 当 期 首 残 高	1,200	の　　　れ　　　ん	1,200

1（3）開始仕訳−前期非支配株主持分当期首残高（単位：千円）

借方科目	金　額	貸方科目	金　額
利 益 剰 余 金 当 期 首 残 高	12,000	非支配株主持分当期首残高	12,000

2 当期のれん償却連結仕訳（単位：千円）

借方科目	金　額	貸方科目	金　額
の　れ　ん　償　却	1,200	の　　れ　　ん	1,200

3 S社当期純利益の非支配株主持分への連結修正仕訳（単位：千円）

借方科目	金　額	貸方科目	金　額
非支配株主に帰属する当期純利益	12,000	非支配株主持分当期変動額	12,000

S社当期純利益 60,000 千円× 20% = 12,000 千円

練習問題

問1　P社（決算日は3月31日）は，X1年3月31日にS社の発行済株式総数の80％を196,000千円で取得し，支配権を獲得した。支配獲得日の連結精算表を完成しなさい。

連　結　精　算　表

X1年3月31日　　　　　　　　　　　　　　（単位：千円）

勘定科目	P社		S社		修正消去		連結貸借対照表	
	借　方	貸　方	借　方	貸　方	借　方	貸　方	借　方	貸　方
諸　資　産	834,000		370,000					
S　社　株　式	196,000							
（　　　　）								
諸　負　債		458,000		150,000				
資　本　金		120,000		70,000				
資本剰余金		302,000		90,000				
利益剰余金		150,000		60,000				
（　　　　）								
	1,030,000	1,030,000	370,000	370,000				

問2 P社（3月決算）は，X1年3月31日にS社の株式を80％取得し支配権を獲得している。X2年3月31日のP社とS社の個別財務諸表は連結精算表に示すとおりである。連結精算表を完成しなさい。なお，のれんは10年間で均等償却をする。

連 結 精 算 表

X2年3月31日　　　　　　　　　　（単位：千円）

| 勘定科目 | 個別財務諸表 | | 修正消去 | | 連結財務諸表 |
	P 社	S 社	借 方	貸 方	
貸 借 対 照 表					連結貸借対照表
諸 資 産	872,000	390,000			
S 社 株 式	196,000				
の れ ん					
資 産 合 計	1,068,000	390,000			
諸 負 債	458,000	150,000			
資 本 金	120,000	70,000			
資 本 剰 余 金	302,000	90,000			
利 益 剰 余 金	188,000	80,000			
非 支 配 株 主 持 分					
負債・純資産合計	1,068,000	390,000			
損 益 計 算 書					連結損益計算書
売 上 高	250,000	100,000			
売 上 原 価	200,000	75,000			
販売費及び一般管理費	12,000	5,000			
の れ ん 償 却					
当 期 純 利 益	38,000	20,000			
非支配株主に帰属する当期純利益					
親会社株主に帰属する当期純利益	38,000	20,000			
株主資本等変動計算書					連結株主資本等変動計算書
利益剰余金当期首残高	150,000	60,000			
親会社株主に帰属する当期純利益	38,000	20,000			
利益剰余金当期末残高	188,000	80,000			
非支配株主持分当期首残高					
非支配株主持分当期変動額					
非支配株主持分当期末残高					

問3 X2年3月31日のP社とS社の貸借対照表は次のとおりである。連結貸借対照表を作成しなさい。

貸 借 対 照 表

X2年3月31日　　　　　　　　（単位：千円）

資　産	P社	S社	負債・純資産	P社	S社
諸　資　産	2,600,000	620,000	諸　負　債	1,000,000	250,000
S　社　株　式	200,000		資　本　金	800,000	150,000
			資本剰余金	400,000	80,000
			利益剰余金	600,000	140,000
資　産　合　計	2,800,000	620,000	負債・純資産合計	2,800,000	620,000

　なお，P社はX1年3月31日にS社株式の60％を取得し，支配を獲得している。また，のれんは10年にわたり定額法で償却し，S社の当期純利益は40,000千円である。

貸 借 対 照 表

X2年3月31日　　　（単位：千円）

諸　資　産		諸　負　債	
（　　　　　）		資　本　金	
		資本剰余金	
		利益剰余金	
		（　　　　　）	

第5章　連結会社相互間取引の相殺消去

第1節　債権と債務の相殺消去

連結会社相互間の債権と債務の相殺消去には，次の４つの項目がある（連結基準，注10）。

（１）相殺消去の対象となる債権には，売掛金，受取手形，貸付金のほか前払費用，未収収益があり，相対する債務には，買掛金，支払手形，借入金のほか前受収益，未払費用がある。

連結会社相互間で売掛金と買掛金がある場合には，次のように連結消去仕訳をする。なお，ここでの連結仕訳は，**連結精算表の株主資本等変動計算書**（利益剰余金当期末残高および非支配株主持分当期末残高のみ）を経由しておこなう。これは，第２節および第３節も同様である。

借方科目	金　額	貸方科目	金　額
買　　掛　　金	×××	売　　掛　　金	×××

この場合に，売掛金に対して貸倒引当金が設定されている場合は，売掛金の減少に応じて貸倒引当金の調整が必要となる。連結修正仕訳は，次のとおりである。

借方科目	金　額	貸方科目	金　額
貸　倒　引　当　金	×××	貸　倒　引　当　金　繰　入	×××

子会社の売掛金を相殺消去した場合，子会社の貸倒引当金繰入が減少する分，当期純利益が減少するので，非支配株主の持株割合に応じて，次の連結修正仕訳をする必要がある。

借方科目	金　額	貸方科目	金　額
非支配株主持分当期変動額	×××	非支配株主に帰属する当期純利益	×××

連結会社相互間で貸付金と借入金がある場合には，次のように連結消去仕訳をする。

借方科目	金　額	貸方科目	金　額
借　　入　　金	×××	貸　　付　　金	×××

この場合，後述の支払利息と受取利息も連結消去仕訳が必要になる。また，**貸付金に貸倒引当金が設定されている場合，上記の売掛金の場合と同様に貸倒引当金の調整のための連結修正仕訳をおこなう。さらに，貸付金が子会社から親会社に対するものであれば，子会社の**

受取利息の減少および貸倒引当金繰入の減少は，子会社の当期純利益の減少をともなうので，非支配株主に帰属する当期純利益の持株割合に応じた連結修正仕訳をする必要がある。

　上記売掛金や貸付金の相殺消去にともなう貸倒引当金の調整について，期首に連結会社相互間の売掛金や貸付金残高がない場合であったが，前期にも連結会社相互間の売掛金や貸付金残高があり，当期も同様に残高がある場合の差額補充法による引当金の調整にともなう連結修正仕訳は，次のとおりである。

　1　売掛金・貸付金期首残高に対する貸倒引当金の連結修正仕訳

借方科目	金　額	貸方科目	金　額
貸 倒 引 当 金 繰 入	×××	利 益 剰 余 金 当 期 首 残 高	×××

　2　売掛金・貸付金期末残高に対する貸倒引当金の連結修正仕訳

借方科目	金　額	貸方科目	金　額
貸 倒 引 当 金	×××	貸 倒 引 当 金 繰 入	×××

　例えば，親会社が子会社に対して売掛金期首残高 750 千円，売掛金期末残高 1,000 千円があり，毎期貸倒引当率が 2% で，差額補充法により引当金を計上している場合の連結仕訳は次のようになる（単位：千円）。

借方科目	金　額	貸方科目	金　額
貸 倒 引 当 金 繰 入	150	利 益 剰 余 金 当 期 首 残 高	150
貸 倒 引 当 金	200	貸 倒 引 当 金 繰 入	200

　差額補充法であるから，単純に（1,000 千円 − 750 千円）× 2% ＝ 50 千円の貸倒引当金繰入を修正するのは連結会計では誤りである。売掛金期首残高について，前期の連結会計において連結当期純利益（親会社に帰属する当期純利益）750 千円 × 2% ＝ 150 千円が増加しているので，当期連結会計において利益剰余金を増加させる必要がある。なぜなら，連結決算後，翌期の個別財務諸表では，連結修正仕訳により増加した前期の当期純利益（利益剰余金の増加）150 千円が元に戻り，利益剰余金当期首残高が減少しているので，当期末（連結決算日）に上記連結修正仕訳をしなければ，個別財務諸表から連結財務諸表を作成する連結会計では，連結利益剰余金を正しく計算できないからである。なお，売掛金期末残高については，1,000 千円 × 2% ＝ 200 千円の貸倒引当金の連結修正仕訳をすることにより，差額補充法であるから，当期の貸倒引当金繰入は 50 千円減少することになる。

　上記の事例は，親会社の売掛金残高であるが，子会社の売掛金残高であれば，非支配株主に帰属する当期純利益の持株割合に応じた修正が必要となるのは前述と同様である。

【設例1】

　P社はS社（発行済株式総数の80％を所有）に売掛金800千円がある。なお，P社は，売掛金期末残高に対して2％の貸倒引当金を設定し，売掛金期首残高はなかった。連結仕訳をしなさい。（単位：円）

借方科目	金　　額	貸方科目	金　　額
買　　掛　　金	800,000	売　　掛　　金	800,000
貸　倒　引　当　金	16,000	貸　倒　引　当　金　繰　入	16,000

貸倒引当金は，800千円×2％＝16千円の修正が必要となる。

　【設例1】で逆に子会社にP社に対する売掛金がある場合は，S社の貸倒引当金繰入が減少し，その分，当期純利益が増加するので，非支配株主に帰属する当期純利益の持株割合に応じた連結修正仕訳が必要になる（単位：円）。

借方科目	金　　額	貸方科目	金　　額
非支配株主に帰属する当期純利益	3,200	非支配株主持分当期変動額	3,200

非支配株主持分当期変動額 16千円×20％＝3.2千円

　受取手形と支払手形，貸付金と借入金も同様の相殺消去をする。これらの場合も貸倒引当金を設定していれば，売掛金の場合と同様に調整が必要となる。また，金銭貸借において受取利息と支払利息がある場合は，相殺消去することはいうまでもない。なお，前払費用，未収収益，未払費用および前受収益の場合は，相手勘定は収益および費用となる。連結会社相互間で貸付をおこない利息が未収である場合は，次のように連結消去仕訳をおこなう。

借方科目	金　　額	貸方科目	金　　額
受　　取　　利　　息	×　×　×	支　　払　　利　　息	×　×　×
未　　払　　利　　息	×　×　×	未　　収　　利　　息	×　×　×

　なお，子会社の受取利息の相殺に係る貸倒引当金繰入の減少は，当期純利益が減少するので，非支配株主に帰属する当期純利益の持株割合に応じた連結修正仕訳をする必要がある。

　（2）**連結会社が振り出した手形を他の連結会社が銀行で割引した場合には，借入金となる。**連結会社相互間で買掛金の支払いのため手形を振り出し，銀行で割り引いた場合は，次のように連結仕訳をする。

借方科目	金　額	貸方科目	金　額
買　　掛　　金	×××	売　　掛　　金	×××
支　払　手　形	×××	借　　入　　金	×××
支　払　利　息	×××	手　形　売　却　損	×××
前　払　利　息	×××		

　なお，**手形の決済日が決算日以後に到来する場合は，決算日から手形決済日までの利息は，前払利息となる。**
　この場合，個別財務諸表（親会社あるいは子会社）では，次の仕訳がおこなわれている。

＜買掛金支払のために手形を振り出した連結会社＞

（借）　買　　掛　　金	×××	（貸）　支　払　手　形	×××

＜売掛金の回収に手形を受け取り，割り引きした連結会社＞

（借）　受　取　手　形	×××	（貸）　売　　掛　　金	×××
当　座　預　金	×××	受　取　手　形	×××
手　形　売　却　損	×××		

　これらを相殺消去すると，上記の連結仕訳になる。
　手形割引の場合と借入金の場合の手形売却損および支払利息の関係は，次のようになる。

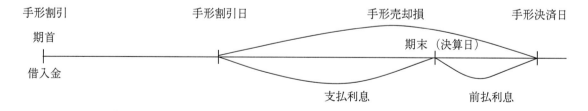

　手形売却損は手形割引時に一括して費用計上されるが，支払利息は期末から手形決済日までの期間は前払利息となる。

【設例２】
　親会社は子会社から買掛金の支払いとして子会社振り出しの手形250千円を受け取り，取引銀行で割り引き，割引料15千円を差し引かれ残額は当座預金とした。なお，期末から決済日までの割引料は，2千円である。連結仕訳をしなさい（単位：千円）。

借方科目	金　額	貸方科目	金　額
支　払　手　形	250	借　　　　入　　　　金	250
支　払　利　息	13	手　形　売　却　損	15
前　払　利　息	2		

親会社の手形の処理を示すと，次のとおりである（単位：千円）。

（借）	受　取　手　形	250	（貸）	売　　掛　　金	250
	当　座　預　金	235		受　取　手　形	250
	手　形　売　却　損	15			

子会社の処理は，次のとおりである（単位：千円）。

（借）	買　　掛　　金	250	（貸）	支　払　手　形	250

これらを相殺消去すると，上記の連結仕訳になる。

（3）連結会社を対象として引き当てられた製品保障引当金などは，次のように連結仕訳をする。これにより，子会社の当期純利益が減少すれば，非支配株主に帰属する当期純利益の持株割合に応じた連結修正仕訳をする必要がある。

借方科目	金　額	貸方科目	金　額
○　○　引　当　金	×××	○　○　引　当　金　繰　入	×××

（4）連結会社の発行した社債で一時所有のものは，相殺消去の対象としないことができる。

第2節　取引高の相殺消去

連結会社相互間の商品の売買その他の取引は，相殺消去する（連結基準，第35項）。

（1）連結会社相互間の商品の売買取引

連結会社相互間の商品の売買取引は，次のように相殺消去する。

借方科目	金　　額	貸方科目	金　　額
売　　上　　高	×××	仕入（売上原価）	×××

個別 P/L で売上高と売上原価が表示されている場合，売上高と売上原価になる。

土地の売買取引の場合（取得原価＜売却価額）の連結消去仕訳は，次のとおりである。

借方科目	金　　額	貸方科目	金　　額
固　定　資　産　売　却　益	×××	土　　　　　　　　　地	×××

土地ではなく，建物など減価償却資産を親会社が子会社に売却した場合（帳簿価額＜売却価額），帳簿価額と売却価額との差額の固定資産売却益の相殺消去，さらに子会社がおこなった減価償却費などの連結消去仕訳は，次のとおりである。

借方科目	金　　額	貸方科目	金　　額
固　定　資　産　売　却　益	×××	建　　　　　　　　　物	×××
建　　　　　　　　　物	×××	減　価　償　却　累　計　額	×××
減　価　償　却　累　計　額	×××	減　価　償　却　費	×××

上段が建物など減価償却資産の売却，下段が子会社のおこなった減価償却である。なお，親会社が間接法でなく直接法で減価償却累計額控除後の帳簿価額で建物など減価償却資産を計上している場合には，連結消去仕訳は次のようになる。

借方科目	金　　額	貸方科目	金　　額
固　定　資　産　売　却　益	×××	建　　　　　　　　　物	×××
減　価　償　却　累　計　額	×××	減　価　償　却　費	×××

なお，子会社の固定資産売却益の減少は，当期純利益の減少となるので，非支配株主の持分割合に応じた連結修正仕訳をする必要がある。ただし，減価償却費の減少にともなう利益の調整に係る連結修正仕訳については，ここでは省略する。

【設例3】
　親会社は土地（帳簿価格2,000千円）を子会社に2,500千円で売却し，代金は現金で受け取っていた。連結仕訳をしなさい（単位：千円）。

借方科目	金　　額	貸方科目	金　　額
固 定 資 産 売 却 益	500	土　　　　　　　　地	500

親会社は，土地の売却時に次の処理をおこなっている（単位：千円）。

（借）　現　　　　　金	2,500	（貸）　土　　　　　　地	2,000
			固 定 資 産 売 却 益	500

子会社の土地取得時の処理は次のとおりである（単位：千円）。

（借）　土　　　　　　地	2,500	（貸）　現　　　　　金	2,500

この土地売買取引を相殺消去すると，上記の連結仕訳になる。

【設例4】
　親会社は，当期首に建物（取得原価2,000千円　減価償却累計額400千円）を子会社に1,800千円で売却し，代金は現金で受け取っていた。なお，子会社は，当該資産を耐用年数10年，残存価格ゼロ，定額法で償却している。連結仕訳をしなさい（単位：千円）。なお，子会社の減価償却費減少にともなう，非支配株主持分の修正は無視する。

借方科目	金　　額	貸方科目	金　　額
固 定 資 産 売 却 益	200	減 価 償 却 累 計 額	400
建　　　　　　　　物	200		
減 価 償 却 累 計 額	180	減 価 償 却 費	180

親会社の建物売却時の処理は次のとおりである（単位：千円）。

（借）　減 価 償 却 累 計 額	400	（貸）　建　　　　　　物	2,000
現　　　　　金	1,800	固 定 資 産 売 却 益	200

子会社の建物取得時の処理は，次のとおりである（単位：千円）。

（借）　建　　　　　　物	1,800	（貸）　現　　　　　金	1,800

さらに，減価償却費は，$1.800\text{ 千円} \times \dfrac{1\text{年}}{10\text{年}} = 180\text{ 千円}$である（単位：千円）。

（借） 減 価 償 却 費	180	（貸） 減価償却累計額	180

　この建物売却に係る取引を相殺消去すると，上記連結仕訳のとおりである。ただし，建物200,000千円について，減価償却の連結仕訳が必要になる。

（2）子会社からの配当金の授受（完全子会社の場合）
　子会社からの配当金の授受は，完全子会社であれば次のように相殺消去する。

借方科目	金　額	貸方科目	金　額
受　取　配　当　金	×××	配　　当　　金	×××

（注）受取配当金が営業外収益に含まれている場合は，営業外収益と相殺消去する。

　この場合，親会社の受取配当金はなかったことになるが，子会社の支払配当金は利益剰余金の減少である。子会社の支払配当金と利益剰余金および当期純利益の関係は次のとおりである。

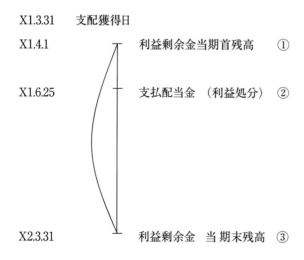

　　X1.3.31　　支配獲得日

　　X1.4.1　　　　　　　　利益剰余金当期首残高　　①

　　X1.6.25　　　　　　　　支払配当金　（利益処分）　②

　　X2.3.31　　　　　　　　利益剰余金　当期末残高　③

当期純利益＝③－（①－②）

　これにより，連結財務諸表の連結利益剰余金は，親会社の利益剰余金当期末残高＋子会社の当期純利益－のれん償却となる。ただし，他に修正消去がない場合である。例えば，親会社の利益剰余金当期末残高12,000千円，子会社の利益剰余金当期首残高6,000千円，支払配

当金 600 千円，利益剰余金当期末残高 6,400 千円，のれん償却 100 千円の場合，連結利益剰余金は次のように計算する。

　12,000 千円 + 1,000 千円（子会社の当期純利益）− 100 千円 = 12,900 千円

　子会社の当期純利益　6,400 千円 −（6,000 千円 − 600 千円）= 1,000 千円

　因みに，親会社の利益剰余金当期末残高は，利益剰余金当期首残高 + 当期純利益 − 子会社からの受取配当金である。

（3）子会社からの配当金の授受（完全子会社でない場合）

　子会社に対する親会社の持株割合が 100％未満の場合は，非支配株主持分が生じるが，その場合の連結消去仕訳は次のようになる。

借方科目	金　額	貸方科目	金　額
受　取　配　当　金	×××	配　　当　　金	×××
非　支　配　株　主　持　分	×××		

ただし，連結精算表で株主資本等変動計算書を介すると，次のように連結消去仕訳をする。

借方科目	金　額	貸方科目	金　額
受　取　配　当　金	×××	配　　当　　金	×××
非支配株主持分当期変動額	×××		

（注）受取配当金が営業外収益に含まれている場合は，営業外収益と相殺消去する。

　連結財務諸表上の連結剰余金は，他に修正消去がない場合，親会社の利益剰余金当期末残高 + 子会社の当期純利益 − 非支配株主に帰属する当期純利益 − のれん償却である。

【設例 5】

　次の損益計算書の資料 X1 年 4 月 1 日から，X2 年 3 月 31 日の連結損益計算書を作成し，連結利益剰余金残高を求めなさい。なお，P 社は X1 年 3 月 31 日に S 社の株式を 100％取得しているが，取得時の S 社の利益剰余金は 1,200 千円でのれんは 120 千円（10 年間均等償却），P 社の利益剰余金は 4,800 千円，S 社からの受取配当金（営業外収益）は 84 千円であった。

　　　　　　　　　連結利益剰余金　　　　　　　7,104 千円

（単位：千円）

	P社の損益計算書	S社の損益計算書	連結損益計算書
売　　上　　高	15,400	5,800	（　　①　　）
売　上　原　価	9,800	3,400	（　　②　　）
販売費及び一般管理費	4,000	1,800	（　　③　　）
営　業　外　収　益	680	360	（　　④　　）
営　業　外　費　用	720	120	（　　⑤　　）
（　　　⑥　　　）			（　　⑦　　）
当　期　純　利　益	1,560	840	（　　⑧　　）

①	21,200	②	13,200	③	5,800	④	956
⑤	840	⑥	のれん償却	⑦	12	⑧	2,304

　　連結利益剰余金は，X1年4月1日P社の利益剰余金4,800千円＋P社当期純利益1,560千円－営業外収益（受取配当金）84千円＋S社当期純利益840千円－のれん償却120千円×1年/10年＝7,104千円である。なお，P社利益剰余金当期末残高は，4,800千円＋1,560千円－84千円＝6,276千円である。

　　受取配当金の連結修正仕訳は，次のとおりである（単位：千円）。

借方科目	金　　額	貸方科目	金　　額
営　業　外　収　益	84	配　　当　　金	84

　　連結損益計算書の営業外収益は，680千円＋360千円－84千円＝956千円である。当期純利益は，1,560千円＋840千円－84千円－12千円＝2,304千円である。

　　連結精算表において，個別財務諸表（B/S，P/Lおよび株主資本等変動計算書）から，修正消去の連結仕訳をとおして連結財務諸表（B/S，P/Lおよび株主資本等変動計算書）を作成する手順は，次のとおりである。P社はS社の支配を獲得している。

<u>連　結　精　算　表</u>

X0 年 00 月 00 日　　　　　　　　　　　　　（単位：千円）

勘定科目	個別財務諸表		修正消去		連結財務諸表
	P 社	S 社	借 方	貸 方	
<u>貸　借　対　照　表</u>					連結貸借対照表
諸　　負　　債	××	××			××
利　益　剰　余　金	××	××	××	××	××
非　支　配　株　主　持　分			××	××	××
負債・純資産合計	××	××	××	××	××
<u>損　益　計　算　書</u>					連結損益計算書
営　業　外　収　益	××	××	②××		××
営　業　外　費　用					
の　れ　ん　償　却			❺××		××
当　期　純　利　益	❶××	❸××	❻××		××
非支配株主に帰属する当期純利益			❼××		××
親会社株主に帰属する当期純利益	❶××	❸××	❽××		⓬××
<u>株主資本等変動計算書</u>					連結株主資本等変動計算書
利益剰余金当期首残高	❷××	❹××	❾××		❿××
配　　当　　金	⓫××	①××		①××	⓫××
親会社株主に帰属する当期純利益	▶❶××	▶❸××	▶❽××		⓬××
利益剰余金当期末残高	④××	⑤××	⑥××	⑦××	⑧××
非支配株主持分当期首残高				××	⓭××
非支配株主持分当期変動額			③××	❼××	⓮××
非支配株主持分当期末残高			③××	⑨××	⑩××

　P 社の営業外収益は，S 社からの配当金②だけ減る。S 社からの非支配株主への配当金③は，非支配株主持分当期変動額となる。②＋③＝①である。

　④⑤の P 社と S 社の利益剰余金当期末残高は，配当金⓫および①を減算し，❶と❸を加算する。⑧の利益剰余金当期末残高は④と⑤の合計から⑥を減算し⑦を加算する。❻は②と❺の合計，❽は❻と❼の合計である。❾は支配獲得日の S 社の利益剰余金であるので，❿は❷＋❹－❾となる。⑧は，❿－⓫＋⓬と一致する。⓬は，❶＋❸－❽である。❾は非支配株主持分当期首残高＋❼で，⑩は⑨－③となり，⓭＋⓮と一致する。

【設例6】

　次の連結精算表の配当金の授受の修正消去をおこない，連結精算表を完成させなさい（決算日は3月31日）。なお，X1年3月31日支配獲得時のS社の資本は3,400千円（うち，利益剰余金1,400千円），P社のS社への出資割合は80％である。なお，のれんは，10年にわたり定額法により償却する。

連　結　精　算　表

X2年3月31日 （単位：千円）

勘定科目	個別財務諸表		修正消去		連結財務諸表
	P 社	S 社	借 方	貸 方	
貸　借　対　照　表					連結貸借対照表
の　　れ　　ん			120	(　① 　)	(　　⑲　　)
資　産　合　計	×××	×××	×××	×××	×××
利　益　剰　余　金	5,400	2,160	(　⑰　)	(　② 　)	(　　⑱　　)
非　支　配　株　主　持　分			(　④　)	(　⑧ 　)	(　　⑳　　)
負債・純資産合計	×××	×××	×××	×××	×××
損　益　計　算　書					連結損益計算書
営　業　外　収　益	560	120	(　③　)		(　　⑫　　)
営　業　外　費　用	140	80			220
の　れ　ん　償　却			(　①　)		(　　①　　)
当　期　純　利　益	1,420	560	(　⑤　)		(　　⑬　　)
非支配株主に帰属する当期純利益			(　⑥　)	(　④　)	72
親会社株主に帰属する当期純利益	1,420	560	(　⑪　)	(　④　)	(　　⑭　　)
株主資本等変動計算書					連結株主資本等変動計算書
利益剰余金当期首残高	4,600	1,800	1,400		5,000
配　　当　　金	620	200		(　②　)	(　　⑮　　)
親会社株主に帰属する当期純利益	1,420	560	(　⑪　)		(　　⑯　　)
利益剰余金当期末残高	5,400	2,160	(　⑰　)	(　②　)	(　　⑱　　)
非支配株主持分当期首残高				(　⑦　)	(　⑦　)
非支配株主持分当期変動額			(　④　)	(　⑥　)	(　⑨　)
非支配株主持分当期末残高			(　④　)	(　⑧　)	(　⑩　)

①	12	②	200	③	160	④	40	⑤	172
⑥	112	⑦	680	⑧	792	⑨	72	⑩	752
⑪	284	⑫	520	⑬	1,808	⑭	1,736	⑮	620
⑯	1,696	⑰	1,684	⑱	6,076	⑲	108	⑳	752

1　当期のれん償却連結仕訳（単位：千円）①

借方科目	金　額	貸方科目	金　額
の　れ　ん　償　却	12	の　　　れ　　　ん	12

のれん償却　$120 \times \dfrac{1年}{10年} = 12$ 千円

⑲は，120 千円 − ① ＝ 108 千円

2　配当金の連結修正仕訳（単位：千円）②③④

借方科目	金　額	貸方科目	金　額
営　業　外　収　益	160	配　　　当　　　金	200
非支配株主持分当期変動額	40		

配当金 200 千円を P 社と非支配株主の持株割合で配分する。

⑤の当期純利益は，③ ＋ ① ＝ 172 千円

⑬の当期純利益は，1,420 千円 ＋ 560 千円 − ⑤ ＝ 1,808 千円

3　S 社当期純利益の非支配株主持分への連結修正仕訳（単位：千円）⑥

借方科目	金　額	貸方科目	金　額
非支配株主に帰属する当期純利益	112	非支配株主持分当期変動額	112

S 社の当期純利益⑥ 560 千円 × 20％ ＝ 112 千円

⑪は，⑤ ＋ ⑥ ＝ 284 千円　　⑭は，1,420 千円 ＋ 560 千円 − ⑪ ＋ ④ ＝ 1,736 千円

4　支配獲得時の資本連結推定仕訳（単位：千円）⑦

借方科目	金　額	貸方科目	金　額
S　社　資　本	3,400	S　社　株　式	2,840
の　　れ　　ん	120	非支配株主持分当期首残高	680

⑨は，⑥−④＝72千円，⑧は，⑦＋⑥＝792千円　⑩は，⑧−④＝⑦＋⑨＝752

⑳は，⑧−④＝752千円

⑫は，560千円＋120千円−③＝520千円

⑮は，620千円＋200千円−②＝620千円

⑯は，1,420千円＋560千円−⑪＝1,696千円

⑰は，1,400千円＋⑪＝1,684千円

⑱は，5,400千円＋2,160千円−⑰＋②＝5,000千円−⑮＋⑯＝6,076千円

第3節　未実現利益の消去および実現利益の修正

　連結親子会社間において利益を付加して商品を売買し，一方が仕入れた商品をすべて連結外会社に販売している場合には，利益は実現しているので売上高と売上原価の連結消去仕訳で完結である。しかし，期首商品棚卸高や期末商品棚卸高がある場合には，**実現利益**の修正や**未実現利益**の消去の連結仕訳をする必要がある。この連結仕訳には，親会社が子会社に商品を販売する**ダウンストリーム**と子会社が親会社に商品を販売する**アップストリーム**の場合がある。

（1）ダウンストリーム

　①　期末商品棚卸高

　P社はS社の株式80％を所有，甲社および乙社は連結外会社で，S社がP社から仕入れた商品を全部売り上げた場合の会計処理の流れは，次のようになる（単位：千円）。

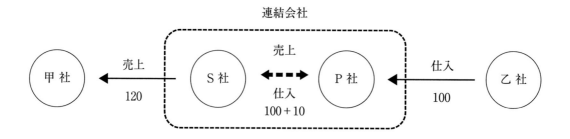

　P社（親会社）は乙社より商品100千円を仕入れ，それに10千円の利益を付加してS社（子会社）に販売，S社は甲社にその商品110千円を120千円で販売した。連結仕訳でP社とS社の仕入（売上原価）と売上高は相殺消去するので，連結売上高120千円－連結仕入（売上原価）100千円＝連結売上総利益は20千円になる。

　この場合は未実現利益の消去をする必要がないが，同じ例で期末にS社がP社から仕入れた商品の一部が売れ残った場合の会計処理の流れは，次のようになる（単位：千円）。

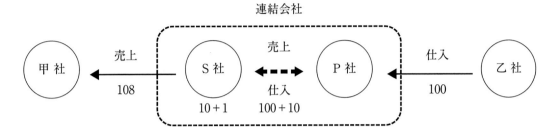

　S社は甲社にP社から仕入れた商品110千円のうち99千円を108千円で販売し，S社には期末商品11千円がある。連結仕訳でP社とS社の仕入（売上原価）と売上高は相殺消去するので，連結売上高108千円－連結売上原価（当期仕入高100千円－期末商品11千円＝89千円）＝連結売上総利益は19千円になる。しかし，連結売上総利益19千円には期末商品の付加利益つまり未実現利益1千円が含まれているので，それを売上原価に加算することにより消去しなければならない。したがって，売上総利益は，108千円－（89千円＋1千円）＝18千円となる。

　S社にP社から仕入れた商品の売れ残りがある場合，次の付加された未実現利益の連結消去仕訳をする必要がある。

借方科目	金　　額	貸方科目	金　　額
売　　上　　原　　価	×××	商　　　　　　　品	×××

なお，未実現利益の計算は次のとおりである。

期末商品 × $\dfrac{\text{付加利益率}}{1+\text{付加利益率}}$ ＝未実現利益　　あるいは期末商品×売上総利益率＝未実現利益

② 期首商品棚卸高

　期首にS社（子会社）にP社（親会社）から仕入れた商品の売れ残りがある場合，次の付加された実現利益の連結修正仕訳をする必要がある。

借方科目	金　額	貸方科目	金　額
利益剰余金当期首残高	×××	売　上　原　価	×××

　期首に売れ残った商品が当期に販売されると，商品は期末にはなくなり，**未実現利益（付加利益）**は**実現**したことになる。つまり，当期の売上原価＝期首商品（P社からの仕入れ分は付加利益を含む）＋当期商品仕入高（P社からの仕入分を除く）－期末商品（P社からの仕入分には付加利益を含む）となる。期末商品の連結仕訳は上記（1）でおこなったように，未実現利益が含まれていると売上原価がその分減少するので，売上原価を加算すればよい。期首商品は付加利益の分，売上原価が増加する。そうするとその分が当期の売上総利益に計上されないので，その分，当期の売上原価を減少させる必要がある。また，**前期の未実現利益（付加利益）は，利益剰余金（利益剰余金当期首残高）を減少させることにより調整する**。例えば，期首商品1,100千円（うち付加利益100千円），当期商品仕入高10,000千円（P社からの仕入分を除く），期末商品0千円とすると，売上原価は11,100千円になる。これを12,000千円で販売すると，売上総利益は900千円である。これには前期の未実現利益（付加利益）100千円の実現利益が含まれていないので，それを含めると売上総利益は1,000千円になる。そのためには，期首商品の付加利益100千円を売上原価から控除し，売上原価11,000千円とすればよい。

　ダウンストリームにおける期首商品棚卸高の前期末から当期末の利益および利益剰余金は，連結精算表上，上記（1）の連結消去仕訳をおこない，未実現利益を**親会社株主に帰属する当期純利益**から減算し，その分，**連結利益剰余金**が減少する。これで前期末の連結B/SおよびP/Lの作成は完結する。当期首，前期末の連結決算上の未実現利益は，個別B/Sでは利益剰余金の増加となって表示されているので，期首商品棚卸高が当期に販売されると当期末に連結精算表上この利益剰余金を修正する上記（2）の連結仕訳をおこない，実現利益は，売上原価を修正することにより**親会社株主に帰属する当期純利益**に加算し，その分，**連結利益剰余金**の増加となる。

　ダウンストリームの場合，P社（親会社）の未実現利益の消去および実現利益の修正であるので，**非支配株主持分および非支配株主に帰属する当期純利益の修正は必要ない**。

【設例7】
　連結財務諸表の作成において，S社（P社が60％の株式を保有する子会社）の棚卸商品にはP社からの仕入分が，期首に220千円，期末に440千円含まれているとき，連結財務諸表の作成のために必要な連結仕訳をしなさい。なお，前期も当期もP社の売上総利益率は10％である。（単位：千円）

借方科目	金　額	貸方科目	金　額
利 益 剰 余 金 当 期 首 残 高	22	売 上 原 価	22
売 上 原 価	44	商 品	44

期首商品棚卸高の実現利益　220 千円× 10% = 22 千円

期末商品棚卸高の未実現利益　440 千円× 10% = 44 千円

利益を加算した場合には，$\dfrac{0.1}{1-0.1}$ を期首商品棚卸高および期末商品棚卸高に乗じるが，【設例７】は売上総利益率なので，売上総利益率 10%を乗じればよい。

（2）アップストリーム

①　期末商品棚卸高

期末に P 社（親会社）に S 社（子会社）から仕入れた商品の売れ残りがあるアップストリームと前述のダウンストリームとの相違は，**期末商品の未実現利益は S 社の当期純利益の減少であるから，非支配株主に係る未実現利益の修正が必要となること**である。したがって，付加された未実現利益の連結消去仕訳は，次のようになる。

借方科目	金　額	貸方科目	金　額
売 上 原 価	× × ×	商 品	× × ×
非支配株主持分当期変動額	× × ×	非支配株主に帰属する当期純利益	× × ×

非支配株主に係る未実現利益の修正額は，未実現利益×非支配株主の持株割合になる。

②　期首商品棚卸高

期首に P 社（親会社）に S 社（子会社）から仕入れた商品の売れ残りがあるアップストリームと前述のダウンストリームとの相違は，**期首商品の未実現利益のうち当期に実現した分は子会社の当期純利益の増加となるので，非支配株主に係る未実現利益の修正が必要となること**である。したがって，付加された未実現利益の連結消去仕訳は次のようになる。

借方科目	金　額	貸方科目	金　額
利 益 剰 余 金 当 期 首 残 高	× × ×	売 上 原 価	× × ×
非支配株主持分当期首残高	× × ×	利 益 剰 余 金 当 期 首 残 高	× × ×
非支配株主に帰属する当期純利益	× × ×	非支配株主持分当期変動額	× × ×

売上原価が貸方に計上されるということは，連結当期売上原価の減少を示すので連結当期売上総利益が増加することになる。その利益は前期の未実現利益が当期に実現したことになる。したがって，非支配株主持分および非支配株主に帰属する当期純利益は増加する。**前期末の未実現利益は利益剰余金当期首残高（S 社の未実現利益）から減算し，非支配株主持分当期首残高（非支配株主持分の未実現利益）を減算することにより調整する。**

　アップストリームにおける期首商品棚卸高の前期末から当期末の利益，利益剰余金および非支配株主持分は，連結精算表上，上記（1）の連結消去仕訳をおこない，未実現利益は**親会社株主に帰属する当期純利益**から減算し，その分，連結利益剰余金が減少する。また，**非支配株主に帰属する当期純利益**を減算し，その分，非支配株主持分が減少する。これで前期末の連結 B/S および P/L の作成は完結する。当期首，前期末の連結上の未実現利益は，個別 B/S では利益剰余金の増加となって表示されているので，期首商品棚卸高が当期に販売されると当期末に連結精算表上この利益剰余金と**非支配株主持分**を消去する上記（2）の連結仕訳をおこない，実現利益は，上記（2）の連結仕訳において売上原価を修正することにより**親会社株主に帰属する当期純利益**および**非支配株主に帰属する当期純利益**に加算する。同時に連結利益剰余金，非支配株主持分の増加となる。

【設例8】

　連結財務諸表の作成（連結株主資本等変動計算書一部を含む）において，P 社の棚卸商品に S 社（P 社が 60％の株式を保有する子会社）からの仕入分が，期首に 220 千円，期末に 440 千円含まれているとき，必要となる連結仕訳をしなさい。なお，前期も当期も S 社から P 社への販売には 10％の利益を付加している（単位：千円）。

借方科目	金　額	貸方科目	金　額
利益剰余金当期首残高	20	売　上　原　価	20
非支配株主持分当期首残高	8	利益剰余金当期首残高	8
非支配株主に帰属する当期純利益	8	非支配株主持分当期変動額	8
売　上　原　価	40	商　　　　　品	40
非支配株主持分当期変動額	16	非支配株主に帰属する当期純利益	16

期首商品棚卸高の実現利益　$220 \text{千円} \times \dfrac{0.1}{1+0.1} = 20 \text{千円}$

期末商品棚卸高の未実現利益　$440 \text{千円} \times \dfrac{0.1}{1+0.1} = 40 \text{千円}$

　非支配株主持分当期首残高は，20 千円× 40％（持株割合）＝ 8 千円であり，非支配株主に帰属する当期純利益は 40 千円× 40％（持株割合）＝ 16 千円である。

　【設例8】から連結精算表を作成すると次のとおりである（決算日は 3 月 31 日）。ただし，前期末に S 社は P 社の子会社となり，当期の S 社から P 社への売上高は 1,000 千円，S 社からの配当金はなく，販売費及び一般管理費，営業外収益および営業外収益は省略し，P 社と S 社間の債権債務の取引高はない。また，P 社の期首商品はすべて当期に連結外会社に販売した。

連 結 精 算 表

X0 年 3 月 31 日　　　　　　　（単位：千円）

勘定科目	個別財務諸表		修正消去		連結財務諸表
	P 社	S 社	借 方	貸 方	
貸 借 対 照 表					連結貸借対照表
非 支 配 株 主 持 分			24	792	768
負債・純資産合計	×××	×××	×××	×××	×××
損 益 計 算 書					連結損益計算書
売 上 高	5,600	2,600	（ ① ）		7,200
売 上 原 価	2,900	1,200	（ ⑥ ）	（ ② ）	3,120
				（ ③ ）	
の れ ん 償 却			12		12
当 期 純 利 益	1,420	560	1,052	1,020	1,948
非支配株主に帰属する当期純利益			（ ⑩ ）	（ ⑧ ）	216
			8		
親会社株主に帰属する当期純利益	1,420	560	1,284	1,036	1,732
株主資本等変動計算書					連結株主資本等変動計算書
利益剰余金当期首残高	4,600	1,800	1,400	8	4,988
			（ ④ ）		
親会社株主に帰属する当期純利益	1,420	560	1,284	1,036	1,732
利益剰余金当期末残高	6,020	2,360	2,704	1,044	6,720
非支配株主持分当期首残高			（ ⑤ ）	560	552
非支配株主持分当期変動額			（ ⑦ ）	（ ⑨ ）	216
				8	
非支配株主持分当期末残高			24	792	768

①	1,000	②	1,000	③	20	④	20	⑤	8
⑥	40	⑦	16	⑧	16	⑨	224	⑩	224

1 売上高と売上原価の連結消去仕訳（単位：千円）

借方科目	金　額	貸方科目	金　額
売　　上　　高	1,000	売　上　原　価	1,000

①と②は 1,000 千円である。

2 期首商品棚卸高—実現利益の連結修正仕訳（単位：千円）

借方科目	金　額	貸方科目	金　額
利 益 剰 余 金 当 期 首 残 高	20	売　　上　　原　　価	20
非支配株主持分当期首残高	8	利 益 剰 余 金 当 期 首 残 高	8
非支配株主に帰属する当期純利益	8	非 支 配 株 主 持 分 当 期 変 動 額	8

③④は 20 千円，⑤は 8 千円になる。

3 期末商品棚卸高—未実現利益の連結消去仕訳（単位：千円）

借方科目	金　額	貸方科目	金　額
売　　上　　原　　価	40	商　　　　　　品	40
非 支 配 株 主 持 分 当 期 変 動 額	16	非支配株主に帰属する当期純利益	16

⑥は 40 千円，⑦と⑧は 16 千円になる。

4 S社当期純利益の非支配株主持分への連結修正仕訳（単位：円）

借方科目	金　額	貸方科目	金　額
非支配株主に帰属する当期純利益	224	非支配株主持分当期変動額	224

⑨と⑩は，S社当期純利益 560 千円× 40％＝ 224 千円

（3）ダウンストリームとアップストリームの混合

　P社はS社（発行済株式総数の80％を所有）に原材料（部品など）を販売し，S社はP社より購入した原材料を加工して製品を製造し，その製品をP社あるいは連結外会社乙社に販売し，P社はS社から仕入れた製品を連結外会社甲社に販売するダウンストリームとアップストリームの混合の場合の会計処理の流れは，次のようになる。

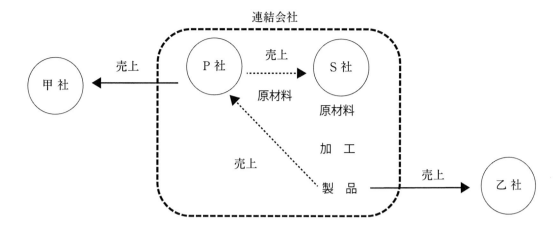

　P社からS社への原材料の販売には利益が付加され，ダウンストリームになる。S社は，原材料を加工し（追加で連結外会社から購入した原材料を投入する場合もある）製品を製造し，その製品をP社に利益を付加して販売するとアップストリームになる（一部を連結外会社に販売することもある）。P社は仕入れた商品（製品）を連結外会社に販売する。

　ダウンストリームとアップストリームにおける期末商品棚卸高に含まれる未実現利益の連結消去仕訳は前述のとおりであるが，S社の仕入れた原材料の処理に注意する必要がある。**原材料を消費しないで期末に残った場合，期末原材料棚卸高にP社がS社に販売した際の付加利益（未実現利益），仕掛品が発生した場合はここにも付加利益（未実現利益）が含まれ，完成した製品が売れ残った場合，期末製品棚卸高にも付加利益（未実現利益）が含まれることになる。しかも，仕掛品や期末製品にはP社から仕入れた原材料費の他に加工費（追加で材料を投入した場合はその原材料費が含まれる）ので，それぞれに含まれるP社から仕入れた原材料費の割合を計算し，そこから付加利益（未実現利益）を控除することになる。**

　例えば，P社がS社に原材料 8,800 千円（10%の利益を付加）を販売し，S社がそれをもとに製品を製造したとする。期末に原材料棚卸高 110 千円，月末仕掛品 1,100 千円（うち，P社から購入した原材料費の割合 22%）および製品棚卸高 220 千円（うち，P社から仕入れた原材料費の割合 22%）の未実現利益は，110 千円 $\times \dfrac{0.1}{1+0.1}$ = 10 千円，1,100 千円 $\times$ 22% $\times \dfrac{0.1}{1+0.1}$ = 20 千円，220 千円 $\times$ 22% $\times \dfrac{0.1}{1+0.1}$ = 4 千円の合計 34 千円になる。仕訳は次のとおりである（単位：千円）。

借方科目	金　額	貸方科目	金　額
売　上　原　価	34	原　　材　　料	10
		仕　　掛　　品	20
		製　　　　品	4

次に，S社がP社へ製品を20%の利益を付加して販売し，つまりP社がS社から仕入れ，そのうち240千円が期末に売れ残り（期末商品棚卸高），その売上原価（製造原価）の30%がP社から仕入れた原材料費で，残りはS社が独自に仕入れた原材料費および加工費であった場合の売上原価の構成は次の図のようになる。

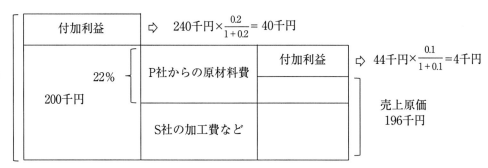

連結修正仕訳は，次のとおりである（単位：千円）。

借方科目	金 額	貸方科目	金 額
売 上 原 価	44	商 品	44
非支配株主持分当期変動額	8	非支配株主に帰属する当期純利益	8

S社からP社への製品の販売は，アップストリームであるので，40千円×20%（非支配株主持分）＝8千円の修正仕訳が必要となる。原材料費の4千円は，ダウンストリームなので非支配株主持分の修正は必要ない。

【設例9】

P社はS社の発行済株式総数の80%を取得し，S社を子会社としている。P社はS社に原材料を調達価額に10%の利益を加えて販売し，S社はその原材料を加工して製品を製造し，その製造原価に30%の利益を加え，P社に販売している。連結当年度のP社の個別貸借対照表の商品のうち，S社から仕入れた製品は78,000千円，前年度のそれは65,000千円である。一方，連結当年度のS社の個別貸借対照表の原材料のうち，P社から仕入れた原材料は13,200千円，前年度のそれは16,500千円であった。なお，連結当年度末および連結前年度末において，S社の製品はすべてP社に販売し，仕掛品はなかった。P社に販売した製品の製造原価におけるP社から仕入れた原材料費の割合は33%であった。株主資本等変動計算書（一部）を経由して連結財務諸表の作成に必要な連結仕訳をしなさい（単位：千円）。

借方科目	金　額	貸方科目	金　額
売　上　原　価	4,500	原　　材　　料	1,200
利益剰余金当期首残高	15,000	商　　　　　　品	21,300
非支配株主持分当期変動額	600	非支配株主に帰属する当期純利益	600
非支配株主持分当期首残高	3,000		

1　S社の期末原材料棚卸高―未実現利益の連結消去仕訳（ダウンストリーム）（単位：千円）

借方科目	金　額	貸方科目	金　額
売　上　原　価	1,200	原　　材　　料	1,200

未実現利益　$13,200$ 千円 $\times \dfrac{0.1}{1+0.1} = 1,200$ 千円

なお，仕掛品と製品は期末棚卸高がないので未実現利益はない。

2　S社の期首原材料棚卸高―実現利益の連結修正仕訳（ダウンストリーム）（単位：千円）

借方科目	金　額	貸方科目	金　額
利益剰余金当期首残高	1,500	売　上　原　価	1,500

実現利益　$16,500$ 千円 $\times \dfrac{0.1}{1+0.1} = 1,500$ 千円

3　P社の期末商品棚卸高―未実現利益の連結修正仕訳

（アップストリーム＆ダウンストリーム）（単位：千円）

借方科目	金　額	貸方科目	金　額
売　上　原　価	19,800	商　　　　　　品	19,800
非支配株主持分当期変動額	3,600	非支配株主に帰属する当期純利益	3,600

商品の未実現利益（アップストリーム）　$78,000$ 千円 $\times \dfrac{0.3}{1+0.3} = 18,000$ 千円

非支配株主持分の修正　$18,000$ 千円 $\times 20\% = 3,600$ 千円

　商品に含まれる原材料費の未実現利益（ダウンストリーム）　$78,000$ 千円 $- 18,000$ 千円 $=$ 60,000 千円　うち，原材料費は33％含まれるので60,000 千円 $\times 33\% = 19,800$ 千円。よって，未実現利益は，$19,800$ 千円 $\times \dfrac{0.1}{1+0.1} = 1,800$ 千円になる。

4　P社の期首商品棚卸高の実現利益の連結修正仕訳
（アップストリーム＆ダウンストリーム）（単位：千円）

借方科目	金　額	貸方科目	金　額
利 益 剰 余 金 当 期 首 残 高	16,500	売　　上　　原　　価	16,500
非支配株主持分当期首残高	3,000	利 益 剰 余 金 当 期 首 残 高	3,000
非支配株主に帰属する当期純利益	3,000	非支配株主持分当期変動額	3,000

商品の実現利益（アップストリーム）　$65,000$ 千円 $\times \dfrac{0.3}{1+0.3} = 15,000$ 千円

非支配株主持分の修正　$15,000$ 千円 $\times 20\% = 3,000$ 千円

商品に含まれる原材料費の実現利益（ダウンストリーム）　$65,000$ 千円 $- 15,000$ 千円 $=$ $50,000$ 千円　うち，原材料費は 33% 含まれるので $50,000$ 千円 $\times 33\% = 16,500$ 千円。よって，実現利益は，$16,500$ 千円 $\times \dfrac{0.1}{1+0.1} = 1,500$ 千円になる。

付加利益率あるいは売上総利益率が前期・当期とも同じであるかどうかに注意しなければならない。例えば，売上総利益率が前期・当期とも 10% で期首商品棚卸高 100 千円，期末商品棚卸高 150 千円であったとする。この場合，期首商品が当期に販売されようが一部期末商品として残っていようが，期末商品の未実現利益は，150 千円 × 10% ＝ 15 千円になる。しかし，売上総利益率が前期 15%，当期 10% で，期首商品が当期にすべて販売済みの場合は，期末商品の未実現利益は，150 千円 × 10% ＝ 15 千円になるが，期末商品に期首商品 10 千円が含まれている場合の未実現利益は，10 千円 × 15% ＋（150 千円 － 10 千円）× 10% ＝ 15.5 千円になる。

　例えば，子会社S社が親会社P社より商品を仕入れ，期首商品棚卸高 1,200 千円（前期の売上総利益率 15%）のうち 1,000 千円が当期中に販売され，期末商品棚卸高 1,600 千円（当期の売上総利益率 10%）があったとする。

　期首商品棚卸高の実現利益は，1,000 千円 × 15% ＝ 150 千円になり，株主資本等変動計算書（一部）を経由して連結修正仕訳をおこなうと，次のとおりである（単位：千円）。

借方科目	金　額	貸方科目	金　額
利 益 剰 余 金 当 期 首 残 高	150	売　　上　　原　　価	150

　期末商品棚卸高の未実現利益は，200 千円（期首商品）× 15% ＋ 1,400 千円（期末商品）× 10% ＝ 170 千円になり，連結修正仕訳は次のとおりである（単位：千円）。

借方科目	金　額	貸方科目	金　額
売　　上　　原　　価	170	商　　　　　品	170

　なお，S社がP社から仕入れた商品の残高（ダウンストリーム）の場合でなく，P社がS社から仕入れた商品の残高（アップストリーム）の場合は【設例9】のように非支配株主持分の連結修正仕訳が必要となる。

練習問題

問1　次の資料にもとづき，解答欄の各項目に答えなさい。なお，計算の過程で端数がでる場合は千円未満を四捨五入すること。

資料
1. P社は第1年度末にS社の議決権の80％を26,000千円で取得し，子会社とした。
2. S社の貸借対照表は次のとおりである。

貸　借　対　照　表　　　　　　（単位：千円）

資　　産	第1年度末	第2年度末	負債・純資産	第1年度末	第2年度末
諸　資　産	65,000	70,000	諸　負　債	35,000	37,000
			資　本　金	20,000	20,000
			利 益 剰 余 金	10,000	13,000
	65,000	70,000		65,000	70,000

3. 第2年度中に，S社はP社に2,000千円の現金配当をおこない，全額支払い済みである。
4. のれんは，20年にわたり定額法によって償却をおこなう。

①第1年度末ののれん		千円
②第1年度末の非支配株主持分		千円
③第2年度末ののれん		千円
④第2年度末の非支配株主持分		千円

問2 P社とS社はともに3月31日を決算日としており，相互に取引はおこなっていない。P社はX1年3月31日にS社の発行済株式総数の80％を40,000千円で取得した。X2年3月期に関する資料は下記のとおりである。

資料
1. S社の期中配当額　2,400千円
2. S社の当期純利益　6,400千円
3. S社の純資産の変動は，1, 2以外にない。
4. S社のX2年3月期の連結財務諸表の作成にあたり，開始仕訳は次のとおりであった（単位：千円）。

借方科目	金　額	貸方科目	金　額
資　　本　　金	20,000	S　社　株　式	40,000
資　本　剰　余　金	10,000	非　支　配　株　主　持　分	9,000
利　益　剰　余　金	15,000		
の　　れ　　ん	4,000		

次の ① ～ ③ について，連結上の修正仕訳をしなさい。ただし，のれんは20年で定額法により償却する。
　① 期中配当額に係る修正
　② X2年3月期の利益を非支配株主持分に振り替える仕訳
　③ のれんの償却

	借方科目	金　額	貸方科目	金　額
①				
②				
③				

問3　次の各文章における空欄に当てはまる金額を答えなさい。

　　P社は，S社の発行済株式総数の80％を所有し，子会社としている。S社はP社に対し，20％の利益を付加してP社に販売している。P社のS社から仕入れた商品の前期末残高は23,760千円（当期にすべて販売），当期末残高は29,700千円，S社の商品の当期末残高は2,750千円（連結外会社のみ）である。

　　当期末のP社が作成する連結貸借対照表の商品の金額は（　①　）千円で，利益の調整による非支配株主の帰属する当期純利益の増加額または減少額は，（　②　）千円である。

①		②	

問4　P社は，S社の議決権の80％を前期末に取得し，連結子会社としている。第X3期（X2年4月1日からX3年3月31日）における〈整理事項および参考事項〉にもとづいて連結精算表上の連結財務諸表欄の（　　）に適当な金額を記入しなさい。

整理事項および参考事項

1. P社は当期より商品の一部をS社に販売している。

　　P社の売上高のうち240,000千円はS社に対するものである。なお，P社のS社に対する販売の売上利益率は25％である。

2. S社の期末商品棚卸高にはP社からの仕入分が35,000千円含まれている。

3. P社の売掛金にはS社に対するものが50,000千円含まれているが，前期末に売掛金残高はなかった。なお，P社は売掛金期末残高に対し，2％の貸倒引当金を計上している。

4. P社は当期首に土地（帳簿価額44,000千円）をS社に60,000千円で売却している。

連　結　精　算　表（一部のみ）

（単位：千円）

	P　社	S　社	合　　計	消去・振替仕訳	連結財務諸表
売　掛　金	500,000	250,000	750,000	（省略）	（　　　　）
商　　　品	240,000	100,000	340,000		（　　　　）
土　　　地	460,000	80,000	540,000		（　　　　）
貸倒引当金	10,000	5,000	15,000		（　　　　）

第6章　連結財務諸表の表示

第1節　連結貸借対照表の表示

　連結 B/S の様式には，勘定式と報告式があるのは個別 B/S と同じで，B/S 項目および区分表示もほとんど同じである。ただ，純資産の部は次のように**非支配株主持分**が表示される。

純資産の部

資　　　本　　　金	×××
資　本　剰　余　金	×××
利　益　剰　余　金	×××
非　支　配　株　主　持　分	×××
純資産合計	×××

　日商2級の出題例による支配獲得後1年後の連結決算における連結 B/S 上の利益剰余金は，親会社の**利益剰余金期末残高**から親会社の当期純利益を減算し，連結仕訳による親会社の利益剰余金の増減を調整し，連結 P/L 上の**親会社株主に帰属する当期純利益**を加算して計算する。ただし，支配獲得後数期間を経ている場合には，上記に支配獲得後から前期までの子会社の当期純利益を加算する必要がある。

　なお，親会社の子会社株式と子会社の資本の連結により発生する（正の）のれんは，**無形固定資産**である。表示の際に注意すること。また，個別 B/S の**退職給付引当金**は，連結 B/S では**退職給付に係る負債**と表示科目が変わる。

第2節　連結損益計算書の表示

　連結 P/L の様式には，勘定式と報告式があるのは個別 P/L と同じで，P/L 項目および区分表示も次の表示を除きほとんど同じである。

　売上原価は期首商品棚卸高に当期商品純仕入高を加算し，期末商品棚卸高を控除する形式で表示するのではなく，次に示すように表示する。このことが親会社と子会社間の売買取引における期首商品棚卸高や期末商品棚卸高に含まれる実現利益および未実現利益の連結修正消去仕訳を連結 P/L 上の繰越商品の増減でなく，売上原価の増減でおこなう所以である。

売 上 高	×××
売 上 原 価	×××
売 上 総 利 益	×××

　個別 P/L では，当期純利益の表示までであるが，連結 P/L ではその後，**非支配株主に帰属する当期純利益**を控除し，**親会社株主に帰属する当期純利益**を表示する。

税 引 前 当 期 純 利 益	×××
法 人 税 等	△×××
当 期 純 利 益	×××
非支配株主に帰属する当期純利益	×××
親会社株主に帰属する当期純利益	×××

　親会社株主に帰属する当期純利益は，当期純利益から**非支配株主に帰属する当期純利益**を控除して表示する。

第3節　連結株主資本等変動計算書の表示

　日商2級では，次の利益剰余金および非支配株主持分の表示が出題される。

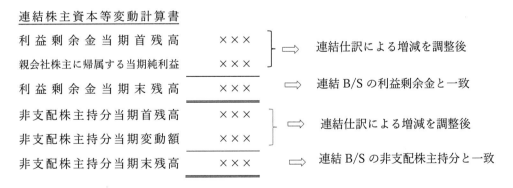

連結株主資本等変動計算書

利 益 剰 余 金 当 期 首 残 高	×××
親会社株主に帰属する当期純利益	×××

⇒ 連結仕訳による増減を調整後

利 益 剰 余 金 当 期 末 残 高	×××

⇒ 連結 B/S の利益剰余金と一致

非支配株主持分当期首残高	×××
非支配株主持分当期変動額	×××

⇒ 連結仕訳による増減を調整後

非支配株主持分当期末残高	×××

⇒ 連結 B/S の非支配株主持分と一致

　2級の過去問題では，親会社と子会社の残高試算表から連結 B/S を作成する問題が出題されているが，残高試算表において一方が決算整理前で他方が決算整理後になっている。この問題は，決算修正事項にもとづき決算整理をおこない，連結修正消去事項を連結仕訳して，連結 B/S を作成すればよいので，手順にしたがい決算修正仕訳で残高試算表の金額を訂正し，連結修正消去仕訳にもとづいて連結 B/S を作成する。

【設例1】

次の資料により，X2年3月31日（連結決算日）における連結損益計算書，連結株主資本等変動計算書および連結貸借対照表を作成しなさい。

資料

1. X2年3月31日における個別財務諸表

損 益 計 算 書

X1年4月1日からX2年3月31日まで　　　（単位：千円）

費　　　用	P社	S社	収　　　益	P社	S社
売 上 原 価	34,700	20,400	売 上 高	46,000	26,800
給　　　料	8,900	5,040	受 取 配 当 金	490	0
支 払 利 息	190	60	受 取 利 息	0	200
当 期 純 利 益	2,700	1,500			
	46,490	27,000		46,490	27,000

株主資本等変動計算書

X1年4月1日からX2年3月31日まで　　　（単位：千円）

	資　本　金		利益剰余金	
	P社	S社	P社	S社
	16,000	6,000	5,700	2,800
当 期 変 動 額　剰余金の配当			△1,400	△700
当 期 純 利 益			2,700	1,500
当 期 末 残 高	16,000	6,000	7,000	3,600

貸 借 対 照 表

X2年3月31日　　　（単位：千円）

資　　産	P社	S社	負債・純資産	P社	S社
諸　資　産	40,800	18,600	諸　負　債	25,000	9,000
S 社 株 式	7,200		資　本　金	16,000	6,000
			利 益 剰 余 金	7,000	3,600
	48,000	18,600		48,000	18,600

2．P社は，X1年3月31日にS社の発行する株式の70％を7,200千円で取得し支配した。

3．のれんの償却期間は10年間とし，定額法により償却する。

4．P社とS社間に債権債務の取引はない。

5．P社の受取配当金はS社からの配当である。

連 結 損 益 計 算 書

X1年4月1日から X2年3月31日まで　　　　　（単位：千円）

売 上 原 価	55,100	売 上 高	72,800
給 料	13,940	受 取 利 息	200
（ 支 払 利 息 ）	（ 250 ）		
（ の れ ん 償 却 ）	（ 104 ）		
当 期 純 利 益	（ 3,606 ）		
	（ 73,000 ）		（ 73,000 ）
非支配株主に帰属する当期純利益	（ 450 ）	当 期 純 利 益	（ 3,606 ）
親会社株主に帰属する当期純利益	（ 3,156 ）		
	（ 3,606 ）		（ 3,606 ）

連結株主資本等変動計算書

X1年4月1日から X2年3月31日まで　　　　　（単位：千円）

	資本金	利益剰余金	非支配株主持分
当 期 首 残 高	（ 16,000 ）	（ 5,700 ）	（ 2,640 ）
当 期 変 動 額　剰 余 金 の 配 当		△ 1,400	
親会社株主に帰属する当期純利益		（ 3,156 ）	
株主資本以外の項目の当期変動額（純額）			（ 240 ）
当 期 末 残 高	（ 16,000 ）	（ 7,456 ）	（ 2,880 ）

連 結 貸 借 対 照 表

X2年3月31日　　　　　（単位：千円）

諸 資 産	59,400	諸 負 債	（ 34,000 ）
（ の れ ん ）	（ 936 ）	資 本 金	（ 16,000 ）
		利 益 剰 余 金	（ 7,456 ）
		非 支 配 株 主 持 分	（ 2,880 ）
	（ 60,336 ）		（ 60,336 ）

1　開始仕訳（単位：千円）

借方科目	金　額	貸方科目	金　額
資　　本　　金	6,000	S　社　株　式	7,200
利益剰余金当期首残高	2,800	非支配株主持分当期首残高	2,640
の　　れ　　ん	1,040		

　S社の利益剰余金残高は，株主資本等変動計算書から2,800千円であることがわかる。のれんは，7,200千円−（6,000千円＋2,800千円）×70％＝1,040千円である。非支配株主持分は，（6,000千円＋2,800千円）×30％＝2,640千円になる。

　連結仕訳は，株主資本等変動計算書を経由しておこなうので，利益剰余金当期首残高，非支配株主持分当期首残高および当期変動額で処理する。

2　配当金の消去仕訳（単位：千円）

借方科目	金　額	貸方科目	金　額
受　取　配　当　金	490	配　　当　　金	700
非支配株主持分当期変動額	210		

　配当金700千円を親会社と非支配株主の持分割合で案分する。

3　のれん償却（単位：千円）

借方科目	金　額	貸方科目	金　額
の　れ　ん　償　却	104	の　　れ　　ん	104

　のれんの償却は10年にわたる定額法である。

4　非支配株主に帰属する当期純利益（単位：千円）

借方科目	金　額	貸方科目	金　額
非支配株主に帰属する当期純利益	450	非支配株主持分当期変動額	450

　S社の当期純利益1,500千円×30％＝450千円が非支配株主に帰属する当期純利益となる。

5　連結株主資本等変動計算書の株主資本以外の項目の当期変動額（純額）
　4の450千円−2の210千円＝240千円である。

6　連結 B/S の利益剰余金

P 社の利益剰余金当期末残高 7,000 千円 − P 社の当期純利益 2,700 千円 + 親会社株主に帰属する当期純利益 3,156 千円 = 7,456 千円である。

【設例2】

P 社は，X2 年 3 月 31 日に S 社の発行する株式の 80％を 75,000 千円で取得し，同社を子会社として連結財務諸表を作成している。よって，下記の資料にもとづき，X2 年度（X2 年 4 月 1 日から X3 年 3 月 31 日までの 1 年間）における連結貸借対照表および連結損益計算書を作成しなさい。なお，法人税等については無視し，のれんは 10 年間で定額法により償却する。

資料

1. S 社の資本の推移に関する資料は，次のとおりである（単位：千円）。

	資　本　金	資本剰余金	利益剰余金
X2 年 3 月 31 日	50,000	10,000	30,000
X3 年 3 月 31 日	50,000	10,000	33,000

2. X2 年度中において，P 社が計上した S 社に対する売上高は 10,000 千円であり，S 社が計上した P 社からの仕入れ高は 10,000 千円であった。S 社の X1 年度末および X2 年度末における手許の棚卸資産には，P 社から仕入れたものがそれぞれ 1,000 千円および 800 千円あった。なお，P 社は S 社に対して仕入原価に，X1 年度および X2 年度は 25％の利益を加算して販売している。

3. X2 年度末に P 社が保有する受取手形のうち，1,800 千円は，S 社が振り出したものである。また，X2 年度末における S 社の P 社に対する買掛金は，1,100 千円であった。なお，売上債権に対する貸倒引当率は 2％である。また，前年度末に，S 社の P 社に対する買掛金残高はなかった。

4. S 社は，X2 年度に P 社へ 1,000 千円の支払配当をおこなった。P 社には支払配当はない。なお，P 社は，受取配当金を営業外収益に計上している。

5. P 社と S 社の X2 年度における貸借対照表および損益計算書は次のとおりである。

貸 借 対 照 表

X3 年 3 月 31 日　　　　　　　　　（単位：千円）

資　　産	P社	S社	負債・純資産	P社	S社
現 金 預 金	10,000	31,500	支 払 手 形	15,000	4,000
受 取 手 形	20,000	10,000	買 　 掛 　 金	20,000	5,000
売 　 掛 　 金	30,000	18,000	短 期 借 入 金	5,000	5,000
貸 倒 引 当 金	△ 1,000	△ 560	長 期 借 入 金	40,000	10,000
棚 卸 資 産	24,000	12,000	資 　 本 　 金	100,000	50,000
有 形 固 定 資 産	102,000	46,060	資 本 剰 余 金	20,000	10,000
S 社 株 式	75,000		利 益 剰 余 金	60,000	33,000
	260,000	117,000		260,000	117,000

損 益 計 算 書

X2 年 4 月 1 日から X3 年 3 月 31 日まで　　　　（単位：千円）

費　　用	P社	S社	収　　益	P社	S社
売 上 原 価	37,500	21,000	売 　 　 上	50,000	30,000
販 　 売 　 費	4,000	2,560	営 業 外 収 益	2,000	1,000
一 般 管 理 費	3,000	2,500			
営 業 外 費 用	2,500	940			
当 期 純 利 益	5,000	4,000			
	52,000	31,000		52,000	31,000

<u>連 結 貸 借 対 照 表</u>

X3 年 3 月 31 日 （単位：千円）

資 産 の 部

流 動 資 産

現 金 預 金 （ 41,500 ）

受 取 手 形 （ 28,200 ）

売 掛 金 （ 46,900 ）

貸 倒 引 当 金 （ △ 1,502 ）

棚 卸 資 産 （ 35,840 ） （ 150,938 ）

固 定 資 産

有 形 固 定 資 産 （ 148,060 ）

（ の れ ん ） （ 2,700 ） （ 150,760 ）

資 産 合 計 （ 301,698 ）

負 債 の 部

流 動 負 債

支 払 手 形 （ 17,200 ）

買 掛 金 （ 23,900 ）

短 期 借 入 金 （ 10,000 ） （ 51,100 ）

固 定 負 債

長 期 借 入 金 （ 50,000 ） （ 50,000 ）

負 債 合 計 （ 101,100 ）

純 資 産 の 部

資 本 金 （ 100,000 ）

資 本 剰 余 金 （ 20,000 ）

利 益 剰 余 金 （ 61,998 ）

（ 非 支 配 株 主 持 分 ） （ 18,600 ） （ 200,598 ）

純 資 産 合 計 （ 200,598 ）

負 債・純 資 産 合 計 （ 301,698 ）

連 結 損 益 計 算 書

自 X2 年 4 月 1 日　至 X3 年 3 月 31 日　　　（単位：千円）

売　　　　上　　　　高		（　　70,000　）
売　　上　　原　　価		（　　48,460　）
売　上　総　利　益		（　　21,540　）
販 売 費 及 び 一 般 管 理 費		
販　　売　　費	（　　6,502　）	
一　般　管　理　費	（　　5,500　）	
（　の れ ん 償 却　）	（　　300　）	（　　12,302　）
営　　業　　利　　益		（　　9,238　）
営　業　外　収　益		（　　2,200　）
営　業　外　費　用		（　　3,440　）
当　期　純　利　益		（　　7,998　）
(非支配株主に帰属する当期純利益)		（　　800　）
親会社株主に帰属する当期純利益		（　　7,198　）

1（1）　開始仕訳―資本連結（単位：千円）

借方科目	金　額	貸方科目	金　額
資　　　本　　　金	50,000	S　社　株　式	75,000
資　本　剰　余　金	10,000	非 支 配 株 主 持 分	18,000
利　益　剰　余　金	30,000		
の　　れ　　ん	3,000		

　株主資本等変動計算書を経由しないので，利益剰余金，非支配株主持分で処理する。のれんは，75,000 千円 −（50,000 千円 + 10,000 千円 + 30,000 千円）× 80％ = 3,000 千円で，非支配株主持分は，（50,000 千円 + 10,000 千円 + 30,000 千円）× 20％ = 18,000 千円である。

1（2）　当期のれん償却連結仕訳（単位：千円）

借方科目	金　額	貸方科目	金　額
の　れ　ん　償　却	300	の　　れ　　ん	300

のれん償却　$3,000\,千円 \times \dfrac{1年}{10年} = 300\,千円$

2（1）　商品売買の連結消去仕訳（単位：千円）

借方科目	金　額	貸方科目	金　額
売　　　上　　　高	10,000	売　　上　　原　　価	10,000

2（2）　期首商品棚卸高（ダウンストリーム）の実現利益の連結修正仕訳（単位：千円）

借方科目	金　額	貸方科目	金　額
利　　益　　剰　　余　　金	200	売　　上　　原　　価	200

実現利益　$1,000\,千円 \times \dfrac{0.25}{1+0.25} = 200\,千円$

2（3）　期末商品棚卸高（ダウンストリーム）の未実現利益の連結消去仕訳（単位：千円）

借方科目	金　額	貸方科目	金　額
売　　上　　原　　価	160	棚　　卸　　資　　産	160

未実現利益　$800\,千円 \times \dfrac{0.25}{1+0.25} = 160\,千円$

3（1）　債権債務の連結消去仕訳（単位：千円）

借方科目	金　額	貸方科目	金　額
支　払　手　形	1,800	受　取　手　形	1,800
買　　掛　　金	1,100	売　　掛　　金	1,100

3（2）　貸倒引当金の連結修正仕訳（単位：千円）

借方科目	金　額	貸方科目	金　額
貸　倒　引　当　金	58	販売費（貸倒引当金繰入）	58

貸倒引当金の修正　（1,800 千円＋1,100 千円）× 2％＝58 千円

　P 社（親会社）の債権の減少であるから，P 社の販売費が減少し，その分，当期純利益が増加するが，S 社（子会社）の当期純利益の増加とはならないので，非支配株主持分の修正は必要ない。

4　配当金の連結消去仕訳（単位：千円）

借方科目	金　額	貸方科目	金　額
営業外利益（受取配当金）	800	配　　　　　当　　　　　金	1,000
非　支　配　株　主　持　分	200		

5　S 社当期純利益の非支配株主持分への連結修正仕訳（単位：千円）

借方科目	金　額	貸方科目	金　額
非支配株主に帰属する当期純利益	800	非　支　配　株　主　持　分	800

S 社の当期純利益 4,000 千円× 20％＝800 千円

S 社の当期純利益 4,000 千円＝利益剰余金期末残高 33,000 千円－（利益剰余金期首残高
　　　　　　　　　30,000 千円－支払配当金 1,000 千円）

6　連結利益剰余金の計算

　P 社の期末利益剰余金 60,000 千円－ P 社の当期純利益 5,000 千円－ 200 千円［2（2）］＋親会社に帰属する当期純利益 7,198 千円＝ 61,998 千円。

練習問題

問1　下記の資料にもとづき，X2年度末における連結貸借対照表を作成しなさい。なお，のれんは，発生年度の翌年度より10年間にわたって毎期均等額を償却する。

資料

1. P社は，X1年度末に，S社の発行済株式数の60％を40,000千円で取得し，S社を子会社とした。なお，S社は，X1年度に発生した利益のなかから，X2年度において2,000千円を配当してすべての株主に支払っている。

2. S社は，P社に対して棚卸資産の販売を原価に20％を付加した価額でおこなっており，X2年度中におけるS社のP社への売上高は，5,400千円であった。

3. X2年度におけるP社の期首棚卸資産のうち2,100千円，期末棚卸資産のうち3,000千円が，S社からの仕入分であった。

4. 上記P社貸借対照表の売上債権のなかには，S社に対する売掛金がX2年度末には3,500千円（2％の貸倒引当金控除前）が含まれている。なお，X1年度末には，S社に対する売掛金はなかった。

P 社 貸 借 対 照 表　　　　　　　　（単位：千円）

科　　　目	X1年度末	X2年度末	科　　　目	X1年度末	X2年度末
現 金 預 金	25,700	28,700	仕 入 債 務	8,000	9,000
売 上 債 権	41,000	36,900	借 入 金	30,000	30,000
棚 卸 資 産	11,000	13,000	資 本 金	120,000	120,000
有形固定資産	91,000	108,000	資 本 剰 余 金	30,000	30,000
S 社 株 式	40,000	40,000	利 益 剰 余 金	20,700	37,600
	208,700	226,600		208,700	226,600

S 社 貸 借 対 照 表　　　　　　　　（単位：千円）

科　　　目	X1年度末	X2年度末	科　　　目	X1年度末	X2年度末
現 金 預 金	5,000	6,000	仕 入 債 務	4,000	7,000
売 上 債 権	12,000	15,000	借 入 金	15,000	20,000
棚 卸 資 産	8,000	10,000	資 本 金	30,000	30,000
有形固定資産	45,000	50,000	資 本 剰 余 金	10,000	10,000
			利 益 剰 余 金	11,000	14,000
	70,000	81,000		70,000	81,000

連 結 貸 借 対 照 表

X2年3月31日　　　　　　　　（単位：千円）

現　金　預　金	（　　　　）	仕　入　債　務	（　　　　）
売　上　債　権	（　　　　）	借　入　金	（　　　　）
棚　卸　資　産	（　　　　）	資　本　金	（　　　　）
有形固定資産	（　　　　）	資　本　剰　余　金	（　　　　）
の　れ　ん	（　　　　）	利　益　剰　余　金	（　　　　）
		非　支　配　株　主　持　分	（　　　　）
	（　　　　）		（　　　　）

問2　P社は，X4年3月31日にS社の発行済株式総数の80％を95,000千円で取得し子会社とした。下記の資料にもとづき，X4年度（X4年4月1日からX5年3月31日まで）における連結貸借対照表および連結損益計算書を作成しなさい。なお，貸倒引当金は無視することとする。

資料

1. S社のX4年3月31日の株主資本は，次のとおりである。
   資本金　50,000千円　　資本剰余金　10,000千円　　利益剰余金　45,000千円
   なお，のれんは，発生年度の翌年度より，10年間にわたり定額法により償却する。

2. X4年度において，P社のS社に対する売上高は10,000千円であり，S社のP社からの仕入高は10,000千円であった。

3. S社のX3年度末およびX4年度末における手許の棚卸商品にはP社から仕入れたものが，1,000千円および800千円あった。なお，P社のS社に対する売上総利益率は，X3年度およびX4年度において一貫して25％であった。

4. X4年度末におけるS社の支払手形のうち2,800千円は，P社に対して振り出したものであった。また，X4年度末におけるS社のP社に対する買掛金は，1,800千円であった。

5. X4年4月1日にS社はP社に備品（帳簿価額5,000千円）を6,000千円で売却した（売却益は特別利益に計上している）。これに関連して，X4年度末におけるP社の営業外支払手形3,000千円はS社に対して振り出したものであり，うち1,000千円をS社が銀行で割引している（手数料は無視する）。

6. X4年度中におけるS社の支払配当金は，1,000千円であった。なお，P社は，受取配当金を営業外収益に計上している。また，P社は無配当である。

7. P社およびS社のX4年度における貸借対照表および損益計算書は，次のとおりである。

貸　借　対　照　表

X5 年 3 月 31 日　　　　　　　　　　（単位：千円）

資　　　産	P 社	S 社	負債・純資産	P 社	S 社
現　金　預　金	10,000	18,000	支　払　手　形	13,000	4,000
受　取　手　形	20,000	10,000	買　　掛　　金	20,000	5,200
売　　掛　　金	30,000	18,000	営業外支払手形	3,000	
棚　卸　資　産	19,000	12,000	短　期　借　入　金	5,000	6,000
営業外受取手形		6,000	長　期　借　入　金	43,000	9,000
有　形　固　定　資　産	90,000	67,000	資　　本　　金	100,000	50,000
S　社　株　式	95,000		資　本　剰　余　金	20,000	10,000
			利　益　剰　余　金	60,000	46,800
	264,000	131,000		264,000	131,000

損　益　計　算　書

自 X4 年 4 月 1 日　至 X5 年 3 月 31 日　　　　　（単位：千円）

費　　　用	P 社	S 社	収　　　益	P 社	S 社
売　上　原　価	37,500	22,000	売　　上　　高	50,000	30,000
販　　売　　費	3,000	2,000	営　業　外　収　益	2,000	1,000
一　般　管　理　費	3,000	2,500	特　別　利　益		1,000
営　業　外　費　用	2,500	1,500			
法人税・住民税・事業税	2,000	1,200			
当　期　純　利　益	4,000	2,800			
	52,000	32,000		52,000	32,000

<u>連 結 貸 借 対 照 表</u>

X5 年 3 月 31 日現在　　　　　（単位：千円）

資　産　の　部

<u>流　動　資　産</u>

現　　金　　預　　金　（　　　　　　　　）

受　　取　　手　　形　（　　　　　　　　）

売　　　　掛　　　　金　（　　　　　　　　）

棚　　卸　　資　　産　（　　　　　　　　）

営 業 外 受 取 手 形　（　　　　　　　　）　　　（　　　　　　　　）

<u>固　定　資　産</u>

有　形　固　定　資　産　（　　　　　　　　）

（　　　　　　　　）　（　　　　　　　　）　　　（　　　　　　　　）

　　　　資　産　合　計　　　　　　　　　　　　　（　　　　　　　　）

負　債　の　部

<u>流　動　負　債</u>

支　　払　　手　　形　（　　　　　　　　）

買　　　　掛　　　　金　（　　　　　　　　）

短　期　借　入　金　（　　　　　　　　）　　　（　　　　　　　　）

<u>固　定　負　債</u>

長　期　借　入　金　（　　　　　　　　）　　　（　　　　　　　　）

　　　　負　債　合　計　　　　　　　　　　　　　（　　　　　　　　）

純　資　産　の　部

資　　　本　　　金　（　　　　　　　　）

資　本　剰　余　金　（　　　　　　　　）

利　益　剰　余　金　（　　　　　　　　）

（　　　　　　　　）　（　　　　　　　　）　　　（　　　　　　　　）

　　　純　資　産　合　計　　　　　　　　　　　　（　　　　　　　　）

　　負債・純資産合計　　　　　　　　　　　　　（　　　　　　　　）

<u>連 結 損 益 計 算 書</u>

自 X4 年 4 月 1 日　至 X5 年 3 月 31 日　　（単位：千円）

売　　　　上　　　　高		（　　　　　　　）
売　　上　　原　　価		（　　　　　　　）
売　上　総　利　益		（　　　　　　　）
販 売 費 及 び 一 般 管 理 費		
販　　売　　費	（　　　　　　）	
一　般　管　理　費	（　　　　　　）	
（　　　　　　　　　）	（　　　　　　）	（　　　　　　　）
営　　業　　利　　益		（　　　　　　　）
営　業　外　収　益		（　　　　　　　）
営　業　外　費　用		（　　　　　　　）
税 金 等 調 整 前 当 期 純 利 益		（　　　　　　　）
法 人 税・住 民 税・事 業 税		3,200
当　期　純　利　益		（　　　　　　　）
（　　　　　　　　　）		（　　　　　　　）
親会社株主に帰属する当期純利益		（　　　　　　　）

問3 次の資料にもとづき，X2年度（自X2年4月1日至X3年3月31日）の連結貸借対照表と連結損益計算書を完成しなさい。[　　　]のなかには連結財務諸表上生じる科目名を記入すること。なお，のれんは，10年間にわたり定額法により償却する。

資料

1. P社はX2年3月31日S社の発行済株式数の70％を取得し，支配を獲得した。なお，S社の資本の状況は，資本金50,000千円，資本剰余金10,000千円，利益剰余金40,000千円であった。

2. P社のS社に対する商品の販売は，すべて掛取引でおこなわれている。期中におけるP社のS社への売上高は89,000千円，S社におけるP社からの仕入高は88,500千円であった。期末現在のP社におけるS社売掛金残高は10,000千円である。なお，P社はS社に対し，毎期，原価の25％増しの価額で商品を販売している。S社における期首商品棚卸高中に含まれるP社商品は3,750千円，S社における期末商品棚卸高中に含まれるP社商品は4,500千円（未達をのぞく）である。

3. P社S社ともに，毎期，売掛金期末残高に対して2％の貸倒れを，差額補充法により見積もっている。S社の前期末のP社に対する売掛金は7,500千円であった。

4. 当期首においてP社はS社から土地（S社の取得原価5,000千円）を6,000千円で購入している。なお，S社の損益計算書の諸収益には，この固定資産の売却にともなって生じた固定資産売却益1,000千円が含まれている。

5. S社が期中に利益剰余金より支払った配当金は，P社分を含めて5,000千円である。P社は，受取配当金を損益計算書の諸収益に含めている。

（単位：千円）

勘定科目	個別財務諸表				連結財務諸表
	P　社		S　社		
貸　借　対　照　表					連結貸借対照表
現　　金　　預　　金	211,000		100,000		
売　　　　掛　　　　金	50,000		15,000		
貸　倒　引　当　金		1,000		300	
商　　　　　　　　品	12,000		8,000		
土　　　　　　　　地	100,000		30,000		
備　　　　　　　　品	20,000		15,000		
[　　　　　　　　]					
S　　社　　株　　式	95,000				
そ　の　他　の　資　産	320,000		200,000		
買　　　　掛　　　　金		40,000		20,000	
そ　の　他　の　諸　負　債		397,000		246,000	
資　　　本　　　金		150,000		50,000	
資　本　剰　余　金		80,000		10,000	
利　益　剰　余　金		140,000		41,700	
[　　　　　　　　]					
合　　　　　　　　計	808,000	808,000	368,000	368,000	
損　益　計　算　書					連結損益計算書
売　　　上　　　高		300,000		130,000	
売　　上　　原　　価	240,000		108,000		
諸　　　費　　　用	40,000		17,460		
諸　　　収　　　益		17,000		7,000	
[　　　　　　　　]					
法　　人　　税　　等	16,900		4,840		
当　期　純　利　益	20,100		6,700		
非支配株主に帰属する当期純利益					
親会社株主に帰属する当期純利益	20,100		6,700		

第7章　総合問題

問1　次の資料にもとづいて，連結精算表の連結修正仕訳および連結損益計算書を完成しなさい。なお，のれん，および法人税等は考慮しない。

資　料

1. P社はS社を100％支配し，商品の一部をS社へ販売している。そのさい，仕入原価に20％の利益を加算している。なお，S社の期首商品棚卸高のうち240万円，期末商品棚卸高のうち360万円はP社からの仕入分である。
2. P社のS社に対する売掛金は，期首残高および期末残高ともに500万円で，貸倒引当率は2％である。なお，P社の売上高のうち2,400万円はS社に対するものである。
3. P社の受取配当金のうち150万円は，S社からのものである。

連 結 精 算 表　　　　　　（単位：万円）

	P社	S社	合　計	連結修正仕訳		連結損益計算書
売　上　高	46,500	15,400	61,900			
受 取 配 当 金	250	100	350			
売 上 原 価	27,640	9,750	37,390			
給　　　料	8,200	2,820	11,020			
その他の営業費	4,430	1,200	5,630			
貸倒引当金繰入	30	10	40			
減 価 償 却 費	990	260	1,250			
当 期 純 利 益	5,460	1,460	6,920			

問2　P社は，X1年3月31日にS社の発行済株式数の60％を90,000千円で取得している。X1期（X1年4月1日からX2年3月31日）の連結財務諸表を作成する際の開始仕訳あるいは修正消去仕訳をしなさい。

1. S社のX1年3月31日の資本金100,000千円，資本剰余金10,000千円，利益剰余金30,000千円であった。連結株主資本等変動計算書において利益剰余金当期末残高およ

び非支配株主持分当期末残高を計算するものとし，のれんは 10 年にわたり定額法で償却する。

2. P 社は S 社から商品を仕入れ，そのうち商品棚卸高に含まれる分は次のとおりである。なお，S 社の売上利益率は，毎期 20％である。

　　　　　期首商品棚卸高　6,000 千円　　　　期末商品棚卸高　4,800 千円

3. P 社の支払手形 10,000 千円は，S 社に対するものである。ただし，S 社は 7,000 千円を取引銀行で割引に付しているが，支払期日は到来していない。なお，割引料は考慮しない。

4. P 社の貸付金 20,000 千円は，S 社に対するものである。なお，この貸付金の利息は 300 千円がある。

5. S 社は P 社に対して，X1 年 4 月 1 日に土地（帳簿価額 15,000 千円）を 24,000 千円で売却している。

	借方科目	金　額	貸方科目	金　額
1				
2				
3				
4				
5				

問3 次の資料により連結精算表（B/Sのみ）を完成しなさい。なお，当期（X2年度）はX2年4月1日からX3年3月31日である。

1. P社は，X2年3月31日にS社の発行済株式数の70％を27,000千円で取得した。なお，のれんは，10年間にわたり定額法で償却する。また，X2年度のS社の当期純利益は4,000千円であった。
2. S社がX2年度中に支払った配当金は400千円であった。
3. S社の棚卸資産期末残高には，P社から仕入れた棚卸資産4,000千円が含まれている。当期のP社の売上総利益率は20％であった。
4. S社は，配送用トラック（帳簿価額2,000千円）をP社へ2,300千円で売却した。なお，減価償却は考慮しない。
5. 期末にP社はS社への売掛金400千円があった。なお，P社は売掛金残高に対して2％の貸倒を見積もっている。

連 結 精 算 表（一部）

X3年3月31日　　　　　　　　　　　（単位：千円）

表示科目	P社 借方	P社 貸方	S社 借方	S社 貸方	修正記入 借方	修正記入 貸方	連結B/S 借方	連結B/S 貸方
当 座 預 金	66,600		22,000					
棚 卸 資 産	10,500		12,000					
有 形 固 定 資 産	68,500		32,800					
S 社 株 式	27,000							
の れ ん								
流 動 負 債		10,600		8,200				
固 定 負 債		50,000		20,000				
資 本 金		80,000		30,000				
利 益 剰 余 金		32,000		8,600				
非支配株主持分								
合 計	172,600	172,600	66,800	66,800				

問4　P社の第X期（自X2年4月1日至X3年3月31日）に係る次の資料にもとづいて，連結精算表を完成しなさい。

資料

1．P社は，X2年3月31日にS社の発行済株式総数のうち60％を63,500千円で取得した。取得時のS社の資本金は50,000千円，利益剰余金は29,200千円であった。

2．S社は，X2年6月25日に5,000千円の配当をおこなった。なお，のれんは10年間にわたり，定額法により償却する。

3．P社とS社間の商品取引の内訳
　（1）S社は前期からP社へ商品の一部を販売している。なお，S社のP社への売上については前期・当期ともに仕入原価に20％相当額の利益を加算している。
　（2）S社のP社への当期売上高は55,200千円であったが，そのうち売価で4,500千円が決算日現在P社に未達であった。
　（3）P社の期首商品棚卸高のうち1,800千円，期末商品棚卸高のうち2,400千円はS社からの仕入分であった。なお，期首商品棚卸高は，当期すべて販売済みである。

4．P社とS社間の債権・債務の内訳
　（1）S社の受取手形のうち2,000千円（それに対応する貸倒引当金40千円），売掛金のうち8,000千円（それに対応する貸倒引当金160千円）はP社に対するものである。なお，S社のP社に対する売上債権の前期残高は7,500千円（それに対応する貸倒引当金150千円）であった。
　（2）S社はP社振り出し，S社宛の約束手形2,500千円を当期中に銀行で割引に付したが，期末現在，満期日が到来していない。なお，割引料は考慮しない。
　（3）P社の短期貸付金のうち10,000千円（それに対応する貸倒引当金200千円）はS社に対して当期に貸し付けたものである。
　（4）貸倒引当金は，P社・S社ともに前期・当期を通して差額補充法で計上している。

5．P社とS社間の収益・費用の内訳
　P社の受取利息のうち400千円，受取配当金のうち3,000千円はS社からのものである。

連 結 精 算 表

X3 年 3 月 31 日　　　　　　　　　　（単位：千円）

| 勘定科目 | 個別財務諸表 | | 修正消去 | | 連結財務諸表 |
	P 社	S 社	借 方	貸 方	
貸 借 対 照 表					連結貸借対照表
売　　掛　　金	35,000	15,000			
受　取　手　形	75,000	25,000			
貸 倒 引 当 金	△ 1,600	△ 400			
商　　　　　品	24,500	16,500			
土　　　　　地	65,350	28,500			
短 期 貸 付 金	23,420				
S　社　株　式	63,500				
の　　れ　　ん					
そ の 他 の 資 産	259,140	69,980			
資　産　合　計	544,310	154,580			
支　払　手　形	26,400	8,500			
買　　掛　　金	36,800	12,300			
短 期 借 入 金	50,000	10,000			
そ の 他 の 諸 負 債	56,520	40,960			
資　　本　　金	200,000	50,000			
利　益　剰　余　金	174,590	32,820			
非 支 配 株 主 持 分					
負債・純資産合計	544,310	154,580			
損　益　計　算　書					連結損益計算書
売　　上　　高	632,940	184,210			
売　　上　　原　　価	386,240	126,750			
貸 倒 引 当 金 繰 入	1,600	600			

の れ ん 償 却					
受 取 利 息	1,260	460			
受 取 配 当 金	9,250	1,200			
支 払 利 息	3,820	1,250			
そ の 他 の 収 益	16,900	3,600			
そ の 他 の 費 用	236,960	45,570			
法 人 税 等	17,730	6,680			
当 期 純 利 益	14,000	8,620			
非支配株主に帰属する当期純利益					
親会社株主に帰属する当期純利益					
株主資本等変動計算書					連結株主資本等変動計算書
利 益 剰 余 金 当 期 首 残 高	180,590	29,200			
配 当 金	20,000	5,000			
親会社株主に帰属する当期純利益	14,000	8,620			
利 益 剰 余 金 当 期 末 残 高	174,590	32,820			
非 支 配 株 主 持 分 期 首 残 高					
非 支 配 株 主 持 分 当 期 変 動 額					
非 支 配 株 主 持 分 期 末 残 高					

問5 次の資料にもとづいて，X3年度（X3年4月1日からX4年3月31日まで）の連結精算表（連結貸借対照表と連結損益計算書の部分）を作成しなさい。

資料

1. S1社とS2社はP社の子会社であるが，その概要は，次のとおりであった。

（1）S1社は，P社がX1年3月31日にS1社の発行済株式総数の80%を170,000千円で取得して支配を獲得している。X1年3月31日のS1社の純資産の部は，次のとおりであった。

　　　　資　本　金　120,000千円　資本剰余金　30,000千円　利益剰余金　40,000千円

　　S1社は支配獲得後に配当を行っておらず，また，のれんは10年にわたり定額法で償却をおこなっている。

　　S1社は，P社から商品を仕入れて販売しているが，これ以外にS1社が独自に仕入れて販売をおこなっている商品もある。

（2）P社は，100%所有子会社として，資本金50,000千円で，当期の期首（X3年4月1日）にS2社を設立した。S2社は，P社およびS1社の販売した商品の保守サービスを提供している。S2社は，P社から建物を賃借しており，その賃借料は，販売費及び一般管理費に計上されている。

2. 連結会社（P社，S1社およびS2社）間の債権債務残高および取引高は，次のとおりであった。

P社からS1社		S1社からP社	
売　掛　金	120,000千円	買　掛　金	120,000千円
貸　付　金	80,000千円	借　入　金	80,000千円
未　収　入　金	8,000千円	未　払　金	8,000千円
売　上　高	560,000千円	売　上　原　価	560,000千円
受　取　利　息	1,500千円	支　払　利　息	1,500千円

P社からS2社		S2社からP社	
売　上　原　価	106,000千円	役　務　収　益	106,000千円
未　収　収　益	400千円	未　払　費　用	0千円
買　掛　金	28,000千円	売　掛　金	28,000千円
貸　付　金	60,000千円	借　入　金	60,000千円
賃貸資産受取家賃	2,200千円	支　払　家　賃	2,200千円
受　取　利　息	1,800千円	支　払　利　息	1,400千円

　なお，S2社からP社への役務収益は，P社において売上原価となっている。また，S2社では，P社に対する既経過の未払利息400千円が未計上となっていた。

S1社からS2社		S2社からS1社	
売　上　原　価	104,000千円	役　務　収　益	104,000千円
買　掛　金	14,000千円	売　掛　金	14,000千円

　なお，S2社からS1社への役務収益は，S1社において売上原価となっている。

3. X2年度末とX3年度末にS1社が保有する商品のうちP社から仕入れた商品は，それぞれ100,000千円と120,000千円であった。P社がS1社に対して販売する商品の売上総利益率は，毎年度とも20％であった。

4. P社がS2社から受け取っている賃貸料は，建物の減価償却費に10％を加算したものとなっている。連結財務諸表の作成上で消去仕訳を行った結果によって，費用収益の対応が適切でなくなる場合には，該当する費用を適切な科目に振り替える。

5. P社はX3年度中に土地（帳簿価額120,000千円）を，S2社に対して127,700千円で売却した。

（単位：千円）

勘定科目	個別財務諸表			修正消去		連結財務諸表
	P 社	S1社	S2社	借　方	貸　方	
貸 借 対 照 表						連結貸借対照表
現 金 預 金	257,000	62,000	29,000			
売 掛 金	423,000	260,000	154,000			
商 品	440,000	246,000	16,500			
未 収 入 金	70,000	38,000	12,000			
貸 付 金	192,000					
未 収 収 益	12,000					
土 地	218,000		132,000			
建 物	180,000					
建物減価償却累計額	△24,000					
備 品	50,000	24,000				
備品減価償却累計額	△10,000	△4,000				
（　　　　　）						
子 会 社 株 式	220,000					
資 産 合 計	2,028,000	626,000	343,500			
買 掛 金	220,000	184,000	14,600			
借 入 金	250,000	100,000	40,000			
未 払 金	112,000	15,000	34,000			
未 払 法 人 税 等	30,000	3,000	6,600			
未 払 費 用	90,000	61,000	4,900			

前 受 収 益			178,000			
資 本 金	360,000	120,000	50,000			
資 本 剰 余 金	120,000	30,000				
利 益 剰 余 金	846,000	113,000	15,400			
非 支 配 株 主 持 分						
負債・純資産合計	2,028,000	626,000	343,500			
損 益 計 算 書						連結損益計算書
売 上 高	2,156,000	1,069,400				
役 務 収 益			587,000			
売 上 原 価	1,354,000	715,000				
役 務 原 価			298,000			
販売費及び一般管理費	643,750	309,000	266,100			
（　　　）償却						
受 取 利 息	5,300	300	200			
賃貸資産受取家賃	2,700					
支 払 利 息	5,200	2,700	1,100			
賃貸資産減価償却費	2,250					
土 地 売 却 益	7,200					
法人税,住民税及び事業税	50,050	14,880	6,600			
当 期 純 利 益	116,200	28,120	15,400			
非支配株主に帰属する当期純利益						
親会社株主に帰属する当期純利益	116,200	28,120	15,400			

問6　次の資料にもとづいて，連結第 4 年度（X3 年 4 月 1 日から X4 年 3 月 31 日まで）の連結精算表（連結貸借対照表と連結損益計算書の部分）を作成しなさい。

資料

1. P 社は，X0 年 4 月 1 日に S 社の発行済株式総数の 70％を 250,000 千円で取得して支配を獲得し，それ以降 P 社は S 社を連結子会社として連結財務諸表を作成している。X0 年 4 月 1 日の S 社の純資産の部は，次のとおりであった。

　資　本　金　150,000 千円　資本剰余金　60,000 千円　利益剰余金　90,000 千円

　S 社は支配獲得後に配当を行っておらず，また，のれんは 10 年にわたり定額法で償却をおこなっている。

　S 社は運動器具の製造業であるが，独自に調達した材料に P 社から仕入れた部品を加えて，P 社の販売する運動器具の付属機器を製造している。P 社は部品の販売時にその調達価格の 10％を加えたもので S 社に販売している。S 社は，付属機器を製造原価に 20％の利益を加えた価格で P 社に販売し，それ以外に外部の第三者にも付属機器とその他の機器を直接販売している。

2. P 社は，連結第 4 年度中に土地（帳簿価額 60,000 千円）を S 社に対して 65,000 千円で売却した。

3. 連結会社（P 社および S 社）間の債権債務残高および取引高は，次のとおりであった。

P 社から S 社		S 社から P 社	
売　掛　金	62,000 千円	買　掛　金	57,500 千円
未　収　入　金	6,000 千円	未　払　金	6,000 千円
買　掛　金	180,000 千円	売　掛　金	180,000 千円
支　払　手　形	120,000 千円	受　取　手　形	0 千円
仕入（売上原価）	890,000 千円	売　上　高	890,000 千円
売　上　高	340,000 千円	部品仕入（売上原価）	335,500 千円

　残高または取引高に差異が生じているものは，次のような原因によるものと判明した。

（1）連結第 4 年度の期末に S 社において P 社から仕入れた部品 4,500 千円の検収が完了していないため未計上であった。

（2）S 社が P 社から受け取った手形 120,000 千円のうち，70,000 千円は買掛金の支払いのため仕入先に裏書譲渡され，50,000 千円は銀行で割り引かれた。割引の際の手形の当期末から満期日までの期間の手形売却損は 160 千円であった。S 社の手形売却損 2,600 千円はすべて P 社から受け取った手形の割引によるものである。

　このような差異については，連結上で消去仕訳のための追加修正仕訳，または，連結上で適切な科目への振替仕訳をおこなう（ただし，（2）の非支配株主に帰属する当期純利益への影響については修正しないものとする）。

4．連結第3年度末と連結第4年度末にP社の個別財務諸表に計上されている「製品及び商品」のうちS社から仕入れた製品（付属機器）は，それぞれ60,000千円と72,000千円であった。また，連結第3年度末と連結第4年度末にS社の個別財務諸表に計上されている原材料には，P社から仕入れた部品が，それぞれ14,300千円と12,000千円含まれていた。なお，連結第3年度末と連結第4年度末において，S社の「製品及び商品」には付属機器の在庫はなく，仕掛品には部品は含まれていない。

5．S社の付属機器の製造原価の構成は，次のとおりであった。

	連結第3年度	連結第4年度
部　品　　A	22%	22%
その他の材料費	35%	38%
加　工　　費	43%	40%

（単位：千円）

勘定科目	個別財務諸表		修正消去		連結財務諸表
	P　社	S　社	借　方	貸　方	
貸　借　対　照　表					連結貸借対照表
現　金　預　金	470,000	41,000			
売　　掛　　金	620,000	275,000			
製　品　及　び　商　品	445,000	236,000			
原　　材　　料		18,000			
仕　　掛　　品		35,000			
未　収　入　金	69,000	29,000			
前　払　費　用	14,000				
土　　　　　地	250,000	90,000			
建　　　　　物	180,000	40,000			
建物減価償却累計額	△ 24,000	△ 8,000			
機　械　装　置	36,000	24,000			
機械装置減価償却累計額	△ 12,000	△ 4,000			
（　　　　　　　　）					
子　会　社　株　式	250,000				
資　産　合　計	2,298,000	776,000			
支　払　手　形	120,000				
買　　掛　　金	320,000	247,000			
借　　入　　金	257,000				

未　払　金	118,000	108,000		
未払法人税等	30,000	3,000		
未　払　費　用	85,000	45,000		
資　本　金	460,000	150,000		
資　本　剰　余　金	150,000	60,000		
利　益　剰　余　金	758,000	163,000		
非支配株主持分				
負債・純資産合計	2,298,000	776,000		
損　益　計　算　書				連結損益計算書
売　上　高	3,326,000	1,507,400		
売　上　原　価	2,254,000	1,142,000		
販売費及び一般管理費	860,500	311,050		
（　　　）償　却				
受　取　利　息	2,000	350		
支　払　利　息	6,040			
手　形　売　却　損		2,600		
土　地　売　却　益	5,000			
法人税,住民税及び事業税	69,800	16,100		
当　期　純　利　益	142,660	36,000		
非支配株主に帰属する当期純利益				
親会社株主に帰属する当期純利益	142,660	36,000		

練習問題および総合問題の解答・解説

第2章　連結会計の意義および制度

問1

A社	○	B社	○	C社	○	D社	○	E社	

問2

①	a	②	b

問3

①	a	②	c	③	b

問4

①	a	②	f	③	m	④	k	⑤	n
⑥	l	⑦	c						

第3章　資本連結—完全子会社

問1　解答

連　結　精　算　表

X1年3月31日　　　　　　　　　（単位：千円）

勘定科目	P社		S社		修正消去		連結貸借対照表	
	借　方	貸　方	借　方	貸　方	借　方	貸　方	借　方	貸　方
諸　資　産	734,000		370,000				1,104,000	
S　社　株　式	296,000					296,000		
諸　負　債		458,000		150,000				608,000
資　本　金		120,000		70,000	70,000			120,000
資本剰余金		302,000		90,000	90,000			302,000
利益剰余金		150,000		60,000	60,000			150,000
（のれん）					76,000		76,000	
	1,030,000	1,030,000	370,000	370,000	296,000	296,000	1,180,000	1,180,000

問1 解説

支配権獲得日の連結仕訳（単位：千円）

借方科目	金　額	貸方科目	金　額
資　　　本　　　金	70,000	S　社　株　式	296,000
資　本　剰　余　金	90,000		
利　益　剰　余　金	60,000		
の　　れ　　ん	76,000		

問2 解答

連　結　精　算　表

X2年3月31日　　　　　　　　　　　（単位：千円）

勘定科目	個別財務諸表		修正消去		連結財務諸表
	P　社	S　社	借　方	貸　方	
貸　借　対　照　表					連結貸借対照表
諸　　資　　産	772,000	390,000			1,162,000
S　社　株　式	296,000			296,000	
の　　れ　　ん			76,000	7,600	68,400
資　産　合　計	1,068,000	390,000	76,000	303,600	1,230,400
諸　　負　　債	458,000	150,000			608,000
資　　本　　金	120,000	70,000	70,000		120,000
資　本　剰　余　金	302,000	90,000	90,000		302,000
利　益　剰　余　金	188,000	80,000	67,600		200,400
負債・純資産合計	1,068,000	390,000	227,600	0	1,230,400
損　益　計　算　書					連結損益計算書
売　　上　　高	250,000	100,000			350,000
売　上　原　価	200,000	75,000			275,000
販売費及び一般管理費	12,000	5,000			17,000
の れ ん 償 却			7,600		7,600
当　期　純　利　益	38,000	20,000	7,600		50,400
親会社株主に帰属する当期純利益	38,000	20,000	7,600	0	50,400
株主資本等変動計算書					連結株主資本等変動計算書
利益剰余金当期首残高	150,000	60,000	60,000		150,000
親会社株主に帰属する当期純利益	38,000	20,000	7,600		50,400
利益剰余金当期末残高	188,000	80,000	67,600	0	200,400

問2 解説

1　開始仕訳（単位：千円）

借方科目	金　額	貸方科目	金　額
資　　　　　本　　　　　金	70,000	S　社　株　式	296,000
資　本　剰　余　金	90,000		
利益剰余金当期首残高	60,000		
の　　れ　　ん	76,000		

　　X1.3.31 の利益剰余金は，X2.3.31 の利益剰余金 80,000 千円 − 当期純利益 20,000 千円 = 60,000 千円である。

2　当期のれん償却連結仕訳（単位：千円）

借方科目	金　額	貸方科目	金　額
の　れ　ん　償　却	7,600	の　　れ　　ん	7,600

　　のれん償却 76,000 千円 × $\dfrac{1年}{10年}$ = 7,600 千円

問3 解答

貸 借 対 照 表
X2 年 3 月 31 日　　　　　　　　　　（単位：千円）

諸　資　産	3,020,000	諸　負　債	1,250,000
（ の れ ん ）	66,500	資　本　金	800,000
		資 本 剰 余 金	400,000
		利 益 剰 余 金	636,500
	3,086,500		3,086,500

問3 解説

1　開始仕訳—資本連結（単位：千円）

　　X1.3.31 の利益剰余金は，X2.3.31 の利益剰余金 140,000 千円 − 当期純利益 40,000 千円 = 100,000 千円である。

借方科目	金　額	貸方科目	金　額
資　　　　　本　　　　　金	150,000	S　社　株　式	400,000
資　本　剰　余　金	80,000		
利　益　剰　余　金	100,000		
の　　れ　　ん	70,000		

2　当期のれん償却連結仕訳（単位：千円）

借方科目	金　額	貸方科目	金　額
利　益　剰　余　金	3,500	の　　れ　　ん	3,500

　　のれん償却 70,000 千円 × $\dfrac{1年}{20年}$ = 3,500 千円　B/S 上ののれん償却は，利益剰余金の減少である。

3 B/S 上の X2.3.31 の利益剰余金

P 社の利益剰余金 600,000 千円 + S 社当期純利益 40,000 千円 − のれん償却 3,500 千円 = 636,500 千円

問4　解答

連 結 精 算 表

X3 年 3 月 31 日　　　　　　　　　　　　　（単位：千円）

勘定科目	個別財務諸表		修正消去		連結貸借対照表
	P 社	S 社	借 方	貸 方	
貸 借 対 照 表					連結貸借対照表
諸　　資　　産	804,000	415,000			1,219,000
S　社　株　式	296,000			296,000	
の　　れ　　ん			76,000	7,600	60,800
				7,600	
資　産　合　計	1,100,000	415,000	76,000	311,200	1,279,800
諸　　負　　債	458,000	150,000			608,000
資　　本　　金	120,000	70,000	70,000		120,000
資　本　剰　余　金	302,000	90,000	90,000		302,000
利　益　剰　余　金	220,000	105,000	75,200		249,800
負債・純資産合計	1,100,000	415,000	235,200	0	1,279,800
損　益　計　算　書					連結損益計算書
売　　上　　高	280,000	120,000			400,000
売　上　原　価	236,000	80,000			316,000
販売費及び一般管理費	12,000	15,000			27,000
の　れ　ん　償　却			7,600		7,600
当　期　純　利　益	32,000	25,000	7,600		49,400
親会社株主に帰属する当期純利益	32,000	25,000	7,600	0	49,400
株主資本等変動計算書					連結株主資本等変動計算書
利益剰余金当期首残高	188,000	80,000	60,000		200,400
			7,600		
親会社株主に帰属する当期純利益	32,000	25,000	7,600		49,400
利益剰余金当期末残高	220,000	105,000	75,200	0	249,800

問4 解説

1　開始仕訳─資本連結（単位：千円）

借方科目	金　額	貸方科目	金　額
資　　本　　金	70,000	S　社　株　式	296,000
資　本　剰　余　金	90,000		
利益剰余金当期首残高	60,000		
の　　れ　　ん	76,000		

　X1.3.31 の利益剰余金は，X3.3.31 の利益剰余金 105,000 千円 − 前期当期純利益 20,000 千円 − 当期純利益 25,000 千円 = 60,000 千円である。

2　開始仕訳─前期のれん償却（単位：千円）

借方科目	金　額	貸方科目	金　額
利益剰余金当期首残高	7,600	の　　れ　　ん	7,600

のれん償却 76,000 千円 × $\dfrac{1年}{10年}$ = 7,600 千円

3　当期のれん償却連結仕訳（単位：千円）

借方科目	金　額	貸方科目	金　額
の　れ　ん　償　却	7,600	の　　れ　　ん	7,600

第4章　資本連結─非支配株主持分

問1 解答

連　結　精　算　表

X1 年 3 月 31 日

（単位：千円）

勘定科目	P 社		S 社		修正消去		連結貸借対照表	
	借　方	貸　方	借　方	貸　方	借　方	貸　方	借　方	貸　方
諸　資　産	834,000		370,000				1,204,000	
S 社 株 式	196,000					196,000		
（のれん）					20,000		20,000	
諸　負　債		458,000		150,000				608,000
資　本　金		120,000		70,000	70,000			120,000
資本剰余金		302,000		90,000	90,000			302,000
利益剰余金		150,000		60,000	60,000			150,000
(非支配株主持分)						44,000		44,000
	1,030,000	1,030,000	370,000	370,000	240,000	240,000	1,224,000	1,224,000

問1 解説

資本連結仕訳（単位：千円）

借方科目	金　額	貸方科目	金　額
資　　　　　本　　　　　金	70,000	S　社　株　式	196,000
資　本　剰　余　金	90,000	非　支　配　株　主　持　分	44,000
利　益　剰　余　金	60,000		
の　　　れ　　　ん	20,000		

のれん 196,000 千円 −（70,000 千円 + 90,000 千円 + 60,000 千円）× 80％ = 20,000 千円
非支配株主持分（70,000 千円 + 90,000 千円 + 60,000 千円）× 20％ = 44,000 千円

問2 解答

連　結　精　算　表

X2 年 3 月 31 日　　　　　　　　　　　　　　　　　　　（単位：千円）

勘定科目	個別財務諸表		修正消去		連結財務諸表
	P　社	S　社	借　方	貸　方	
貸　借　対　照　表					連結貸借対照表
諸　　　資　　　産	872,000	390,000			1,262,000
S　社　株　式	196,000			196,000	
の　　れ　　ん			20,000	2,000	18,000
資　産　合　計	1,068,000	390,000	20,000	198,000	1,280,000
諸　　　負　　　債	458,000	150,000			608,000
資　　　本　　　金	120,000	70,000	70,000		120,000
資　本　剰　余　金	302,000	90,000	90,000		302,000
利　益　剰　余　金	188,000	80,000	66,000	0	202,000
非　支　配　株　主　持　分			0	48,000	48,000
負債・純資産合計	1,068,000	390,000	226,000	48,000	1,280,000
損　益　計　算　書					連結損益計算書
売　　　上　　　高	250,000	100,000			350,000
売　　上　　原　　価	200,000	75,000			275,000
販売費及び一般管理費	12,000	5,000			17,000
の　れ　ん　償　却			2,000		2,000
当　期　純　利　益	38,000	20,000	2,000		56,000
非支配株主に帰属する当期純利益			4,000		4,000
親会社株主に帰属する当期純利益	38,000	20,000	6,000	0	52,000
株主資本等変動計算書					連結株主資本等変動計算書
利益剰余金当期首残高	150,000	60,000	60,000		150,000
親会社株主に帰属する当期純利益	38,000	20,000	6,000		52,000
利益剰余金当期末残高	188,000	80,000	66,000	0	202,000
非支配株主持分当期首残高				44,000	44,000
非支配株主持分当期変動額				4,000	4,000
非支配株主持分当期末残高			0	48,000	48,000

問2 解説

1 開始仕訳─資本連結（単位：千円）

S社の当期純利益20,000千円は，S社の利益剰余金80,000千円に含まれているので，資本連結時のS社の利益剰余金は，80,000千円－20,000千円＝60,000千円である。

借方科目	金 額	貸方科目	金 額
資 本 金	70,000	S 社 株 式	196,000
資 本 剰 余 金	90,000	非支配株主持分当期首残高	44,000
利 益 剰 余 金 当 期 首 残 高	60,000		
の れ ん	20,000		

のれん 196,000千円－（70,000千円＋90,000千円＋60,000千円）×80％＝20,000千円
非支配株主持分（70,000千円＋90,000千円＋60,000千円）×20％＝44,000千円

2 当期のれん償却連結仕訳（単位：千円）

借方科目	金 額	貸方科目	金 額
の れ ん 償 却	2,000	の れ ん	2,000

のれん償却 20,000千円 × $\dfrac{1年}{10年}$ ＝ 2,000千円

3 S社当期純利益の非支配株主持分への連結修正仕訳（単位：千円）

借方科目	金 額	貸方科目	金 額
非支配株主に帰属する当期純利益	4,000	非支配株主持分当期変動額	4,000

S社当期純利益 20,000千円×20％（非支配株主持分割合）＝4,000千円

問3 解答

貸 借 対 照 表

X2年3月31日　　　（単位：千円）

諸 資 産	3,220,000	諸 負 債	1,250,000
（ の れ ん ）	1,800	資 本 金	800,000
		資 本 剰 余 金	400,000
		利 益 剰 余 金	623,800
		（非支配株主持分）	148,000
	3,221,800		3,221,800

問3 解説

1 開始仕訳―資本連結（単位：千円）

　S社の当期純利益40,000千円は，S社の利益剰余金140,000千円に含まれているので，資本連結時のS社の利益剰余金は，140,000千円－40,000千円＝100,000千円である。

借方科目	金　額	貸方科目	金　額
資　　本　　金	150,000	S　社　株　式	200,000
資　本　剰　余　金	80,000	非　支　配　株　主　持　分	132,000
利　益　剰　余　金	100,000		
の　　れ　　ん	2,000		

　のれん200,000千円－（150,000千円＋80,000千円＋100,000千円）×60％＝2,000千円
　非支配株主持分（150,000千円＋80,000千円＋100,000千円）×40％＝132,000千円

2 当期のれん償却連結仕訳（単位：千円）

借方科目	金　額	貸方科目	金　額
利益剰余金（のれん償却）	200	の　　れ　　ん	200

　のれん償却2,000千円× $\dfrac{1年}{10年}$ ＝200千円

3 S社当期純利益の非支配株主持分への連結修正仕訳（単位：千円）

借方科目	金　額	貸方科目	金　額
利　益　剰　余　金 （非支配株主に帰属する当期純利益）	16,000	非　支　配　株　主　持　分	16,000

　S社当期純利益40,000千円×40％（非支配株主持分割合）＝16,000千円

第5章　連結会社相互間取引の相殺消去

問1 解答

①	第1年度末ののれん	2,000	千円
②	第1年度末の非支配株主持分	6,000	千円
③	第2年度末ののれん	1,900	千円
④	第2年度末の非支配株主持分	6,600	千円

問1 解説

1 第1年度末の資本連結仕訳（単位：千円）

借方科目	金　額	貸方科目	金　額
資　　本　　金	20,000	S　社　株　式	26,000
利　益　剰　余　金	10,000	非　支　配　株　主　持　分	6,000
の　　れ　　ん	2,000		

2 配当金の連結修正仕訳（単位：千円）

借方科目	金　額	貸方科目	金　額
受　取　配　当　金	1,600	配　　当　　金	2,000
非　支　配　株　主　持　分	400		

連結 B/S 上の仕訳であるから，非支配株主持分当期変動額でなく，非支配持分としている。

3 当期のれん償却連結仕訳（単位：千円）

借方科目	金　額	貸方科目	金　額
の　れ　ん　償　却	100	の　　れ　　ん	100

のれんの償却 $2,000 千円 \times \dfrac{1年}{20年} = 100 千円$

4 第2年度末の非支配株主持分

第2年度のS社の利益剰余金 13,000 千円 −（第1年度のS社の利益剰余金 10,000 千円 −支払配当金 2,000 千円）＝第2年度のS社の当期純利益 5,000 千円

配当金 2,000 千円をマイナスした残りが 3,000 千円であるから，当期純利益は 5,000 円となる。したがって，非支配株主に帰属する当期純利益の連結修正仕訳は次のとおりである（単位：千円）。

借方科目	金　額	貸方科目	金　額
非支配株主に帰属する当期純利益	1,000	非　支　配　株　主　持　分	1,000

S社当期純利益 5,000 千円 × 20% ＝ 1,000 千円
第2年度末の非支配株主持分 6,000 千円 −配当金 400 千円 ＋当期純利益 1,000 千円 ＝ 6,600 千円

問2 解答

	借方科目	金　額	貸方科目	金　額
①	受　取　配　当　金	1,920,000	配　　当　　金	2,400,000
	非　支　配　株　主　持　分	480,000		
②	非支配株主に帰属する当期純利益	1,280,000	非　支　配　株　主　持　分	1,280,000
③	の　れ　ん　償　却	200,000	の　　れ　　ん	200,000

連結 B/S 上の仕訳であるから，非支配株主持分当期変動額でなく，非支配持分としている。

問3 解答

①	27,500	②	198

問3 解説

1 期首商品棚卸高─実現利益の連結修正仕訳（単位：千円）

借方科目	金　額	貸方科目	金　額
利益剰余金当期首残高	3,900	売　　上　　原　　価	3,960
非支配株主持分当期首残高	792	利益剰余金当期首残高	792
非支配株主に帰属する当期純利益	792	非支配株主持分当期変動額	792

実現利益 23,760 千円 × $\dfrac{0.2}{1+0.2}$ ＝3,960 千円

　3,960 千円の利益の実現により，当期の非支配株主持分に帰属する当期純利益は，3,960 千円 × 20％＝ 792 千円増加する。連結精算表であるので，利益剰余金と非支配株主持分は当期首残高および当期変動額とした。

2 期末商品棚卸高─未実現利益の連結修正仕訳（単位：千円）

借方科目	金　額	貸方科目	金　額
売　　上　　原　　価	4,950	商　　　　　　　　品	4,950
非支配株主持分当期変動額	990	非支配株主に帰属する当期純利益	990

付加された未実現利益 29,700 千円 × $\dfrac{0.2}{1+0.2}$ ＝4,950 千円

　4,950 千円の利益の未実現により，当期の非支配株主持分に帰属する当期純利益は，4,950 千円 × 20％＝ 990 千円減少する。

　①は，（29,700 千円 － 4,950 千円）＋ 2,750 千円（S 社分）＝ 27,500 千円

　②は，792 千円（実現利益）－ 990 千円（未実現利益）＝△ 198 千円

問4 解答

連　結　精　算　表（一部のみ）

（単位：千円）

	P　社	S　社	合　　計	消去・振替仕訳	連結財務諸表
売　掛　金	500,000	250,000	750,000	（省略）	（　　700,000　）
商　　　品	240,000	100,000	340,000		（　　331,250　）
土　　　地	460,000	80,000	540,000		（　　524,000　）
貸倒引当金	10,000	5,000	15,000		（　　14,000　）

問4 解説

1 期末商品棚卸高─未実現利益の連結消去仕訳（単位：千円）

借方科目	金 額	貸方科目	金 額
売　上　原　価	8,750	商　　　　　品	8,750

未実現利益 35,000 千円 × 0.25 ＝ 8,750 千円

2 売掛金と買掛金の連結消去仕訳（単位：千円）

借方科目	金 額	貸方科目	金 額
買　　掛　　金	50,000	売　　掛　　金	50,000

3 貸倒引当金の連結修正仕訳（単位：千円）

借方科目	金 額	貸方科目	金 額
貸　倒　引　当　金	1,000	貸　倒　引　当　金　繰　入	1,000

貸倒引当金の修正 50,000 千円（上記 2 の売掛金の減少）× 2％ ＝ 1,000 千円

4 土地譲渡の連結消去仕訳（単位：千円）

借方科目	金 額	貸方科目	金 額
固　定　資　産　売　却　益	16,000	土　　　　　　地	16,000

5 連結財務諸表項目の計算

売　掛　金　750,000 千円 － 50,000 千円 ＝ 700,000 千円
商　　　品　340,000 千円 － 8,750 千円 ＝ 331,250 千円
土　　　地　540,000 千円 － 16,000 千円 ＝ 524,000 千円
貸倒引当金　15,000 千円 － 1,000 千円 ＝ 14,000 千円

第6章　連結財務諸表の表示

問1 解答

連 結 貸 借 対 照 表
X2 年 3 月 31 日 （単位：千円）

現　金　預　金 （34,700)		仕　入　債　務 （12,500)
売　上　債　権 （48,470)		借　　入　　金 （50,000)
棚　卸　資　産 （22,500)		資　　本　　金 （120,000)
有　形　固　定　資　産 （158,000)		資　本　剰　余　金 （30,000)
の　　れ　　ん （8,460)		利　益　剰　余　金 （38,230)
		非　支　配　株　主　持　分 （21,400)
（272,130)		（272,130)

問1 解説

1

（1）　開始仕訳（単位：千円）

借方科目	金　額	貸方科目	金　額
資　　本　　金	30,000	S　社　株　式	40,000
資　本　剰　余　金	10,000	非 支 配 株 主 持 分	20,400
利　益　剰　余　金	11,000		
の　　れ　　ん	9,400		

のれん 40,000 千円 −（30,000 千円 + 10,000 千円 + 11,000 千円）× 60% = 9,400 千円

非支配株主持分（30,000 千円 + 10,000 千円 + 11,000 千円）× 10% = 20,400 千円

株主資本等変動計算書を経由しないので，利益剰余金，非支配株主持分で処理する。

（2）　当期ののれんの償却連結仕訳（単位：千円）

借方科目	金　額	貸方科目	金　額
利益剰余金（のれん償却）	940	の　　れ　　ん	940

のれん償却 9,400 千円 $\times \dfrac{1年}{10年}$ = 940 千円

2　配当金の連結消去仕訳（単位：千円）

借方科目	金　額	貸方科目	金　額
利益剰余金（受取配当金）	1,200	配　　当　　金	2,000
非 支 配 株 主 持 分	800		

3　売上と売上原価の連結消去仕訳（単位：千円）

借方科目	金　額	貸方科目	金　額
利 益 剰 余 金（売 上 高）	5,400	利 益 剰 余 金（売 上 原 価）	5,400

4　商品棚卸高の消去修正（単位：千円）

（1）　期首棚卸資産―実現利益の連結修正仕訳（アップストリーム）

借方科目	金　額	貸方科目	金　額
利　益　剰　余　金	350	利益剰余金（売上原価）	350
非 支 配 株 主 持 分	140	利　益　剰　余　金	140
非支配株主に帰属する当期純利益	140	非 支 配 株 主 持 分	140

実現利益 2,100 千円 $\times \dfrac{0.2}{1+0.2}$ = 350 千円

非支配株主持分は，持株割合で案分する。

（2）　期末棚卸資産―未実現利益の連結修正仕訳（アップストリーム）

借方科目	金　額	貸方科目	金　額
利　益　剰　余　金	500	棚　卸　資　産	500
非　支　配　株　主　持　分	200	非支配株主に帰属する当期純利益	200

未実現利益 3,000 千円 $\times \dfrac{0.2}{1+0.2} = 500$ 千円

非支配株主に帰属する当期純利益 500 千円 × 40% = 200 千円

5　債権債務の連結消去仕訳（単位：千円）

借方科目	金　額	貸方科目	金　額
仕　入　債　務（　買　掛　金　）	3,500	売　上　債　権（　売　掛　金　）	3,500

6　貸倒引当金の連結修正仕訳（単位：千円）

借方科目	金　額	貸方科目	金　額
売　上　債　権（　貸　倒　引　当　金　）	70	利益剰余金（貸倒引当金繰入）	70

貸倒引当金の修正 3,500 千円 × 2% = 70 千円

売上債権は貸倒引当金控除後の金額と考えられるので，連結 B/S 上の売上債権 48,470 千円 = P 社と S 社の売上債権 51,900 千円 － 5 の 3,500 千円 ＋ 6 の 70 千円

7　S 社当期純利益の非支配株主持分への連結修正仕訳合（単位：千円）

借方科目	金　額	貸方科目	金　額
非支配株主に帰属する当期純利益	2,000	非　支　配　株　主　持　分	2,000

S 社の当期純利益 5,000 千円 × 40% = 2,000 千円

S 社の当期純利益 5,000 千円 = S 社利益剰余金期末残高 14,000 千円 －（S 社利益剰余金期首残高 11,000 千円 － 支配配当金 2,000 千円）

8　連結 B/S の利益剰余金の計算

P 社の利益剰余金当期末残高 37,600 千円 ＋ S 社の当期純利益 5,000 千円 － 2 の 1,200 千円 ＋ 4（1）の 140 千円 － 4（2）の 500 千円 ＋ 6 の 70 千円 － のれん償却 940 千円 － 非支配株主に帰属する当期純利益 1,940 千円 = 38,230 千円

問2 解答

連 結 貸 借 対 照 表

X5 年 3 月 31 日現在　　　　　　　　（単位：千円）

資 産 の 部

流 動 資 産		
現　金　預　金（	28,000）	
受　取　手　形（	27,200）	
売　　掛　　金（	46,200）	
棚　卸　資　産（	30,800）	
営 業 外 受 取 手 形（	4,000）	（ 136,200）
固 定 資 産		
有 形 固 定 資 産（	156,000）	
（ の れ ん ）（	9,900）	（ 165,900）
資 産 合 計		（ 302,100）

負 債 の 部

流 動 負 債		
支　払　手　形（	14,200）	
買　　掛　　金（	23,400）	
短 期 借 入 金（	12,000）	（ 49,600）
固 定 負 債		
長 期 借 入 金（	52,000）	（ 52,000）
負 債 合 計		（ 101,600）

純 資 産 の 部

資　本　金（	100,000）	
資 本 剰 余 金（	20,000）	
利 益 剰 余 金（	59,340）	
（ 非 支 配 株 主 持 分 ）（	21,160）	（ 200,500）
純 資 産 合 計		（ 200,500）
負 債 ・ 純 資 産 合 計		（ 302,100）

連 結 損 益 計 算 書

自 X4 年 4 月 1 日　至 X5 年 3 月 31 日　　　　（単位：千円）

売　　　　上　　　　高		（　70,000）
売　　上　　原　　価		（　49,450）
売　　上　　総　　利　　益		（　20,550）
販 売 費 及 び 一 般 管 理 費		
販　　売　　費	（　5,000）	
一　般　管　理　費	（　5,500）	
（　の れ ん 償 却　）	（　1,100）	（　11,600）
営　　業　　利　　益		（　8,950）
営　　業　　外　　収　　益		（　2,200）
営　　業　　外　　費　　用		（　4,000）
税 金 等 調 整 前 当 期 純 利 益		（　7,150）
法 人 税 ・ 住 民 税 ・ 事 業 税		3,200
当　　期　　純　　利　　益		（　3,950）
（非支配株主に帰属する当期純利益）		（　360）
親会社株主に帰属する当期純利益		（　3,590）

問2 解説

1　開始仕訳（単位：千円）

借方科目	金　額	貸方科目	金　額
資　　　　本　　　　金	50,000	S　社　株　式	95,000
資　本　剰　余　金	10,000	非 支 配 株 主 持 分	21,000
利　益　剰　余　金	45,000		
の　　　れ　　　ん	11,000		

　のれん 95,000 千円 −（50,000 千円 + 10,000 千円 + 45,000 千円）× 80% = 11,000 千円

　非支配株主持分　（50,000 千円 + 10,000 千円 + 45,000 千円）× 20% = 21,000 千円

　株主資本等変動計算書を経由しないので，利益剰余金，非支配株主持分で処理する。

2　当期のれん償却連結仕訳（単位：千円）

借方科目	金　額	貸方科目	金　額
の　れ　ん　償　却	1,100	の　　　れ　　　ん	1,100

　のれん償却 11,000 千円 × $\dfrac{1 年}{10 年}$ ≒ 1,100 千円

3 売上と売上原価の連結消去仕訳（単位：千円）

借方科目	金額	貸方科目	金額
売　　　　　　上	10,000	売　上　原　価	10,000

4 商品棚卸高の消去修正（単位：千円）

（1）期首棚卸資産─実現利益の連結修正仕訳（ダウンストリーム）

借方科目	金額	貸方科目	金額
利　益　剰　余　金	250	売　上　原　価	250

実現利益　1,000 千円 × 25％ ＝ 250 千円

（2）期末棚卸資産─未実現利益の連結消去仕訳（ダウンストリーム）

借方科目	金額	貸方科目	金額
売　上　原　価	200	棚　卸　資　産	200

未実現利益　800 千円 × 25％ ＝ 200 千円

5 債権債務の連結消去仕訳（単位：千円）

借方科目	金額	貸方科目	金額
支　払　手　形	2,800	受　取　手　形	2,800
買　掛　金	1,800	売　掛　金	1,800

6 有形固定資産売却益の連結消去仕訳（単位：千円）

借方科目	金額	貸方科目	金額
特　別　利　益	1,000	有　形　固　定　資　産	1,000
非　支　配　株　主　持　分	200	非支配株主に帰属する当期純利益	200

　S 社（子会社）の特別利益が減少したので，非支配株主持分に帰属する当期純利益を修正する必要がある。1,000 千円 × 20％ ＝ 200 千円の非支配株主に帰属する当期純利益を修正する。B/S に備品項目がなく，P/L に固定資産売却益項目はないので，有形固定資産および特別利益で消去仕訳をする。

7 手形割引の連結消去仕訳（単位：千円）

借方科目	金額	貸方科目	金額
営　業　外　支　払　手　形	3,000	短　期　借　入　金	1,000
		営　業　外　受　取　手　形	2,000

　S 社が受け取った営業外受取手形 3,000 千円のうち，割引の際にすでに 1,000 千円は貸方に仕訳をしているので，残りは 2,000 千円である。

8　S社の配当金の連結修正仕訳（単位：千円）

借方科目	金　額	貸方科目	金　額
営　業　外　収　益	800	配　　　当　　　金	1,000
非　支　配　株　主　持　分	200		

9　S社の当期純利益の非支配株主持分への連結修正仕訳（単位：千円）

借方科目	金　額	貸方科目	金　額
非支配株主に帰属する当期純利益	560	非　支　配　株　主　持　分	560

S社の当期純利益2,800千円×20％＝560千円が非支配株主に帰属する当期純利益となる。

10　B/Sの利益剰余金の計算

X5年3月31日のP社の利益剰余金60,000千円－P社の当期純利益4,000千円＋連結P/Lの当期純利益3,590千円－4（1）の250千円＝59,340千円

問3　解答　　　　　　　　　　　　　　　　　　　　　　　　（単位：千円）

勘定科目	個別財務諸表 P社		個別財務諸表 S社		連結財務諸表	
貸　借　対　照　表						
現　金　預　金	211,000		100,000		311,000	
売　　掛　　金	50,000		15,000		55,000	
貸　倒　引　当　金		1,000		300		1,100
商　　　　品	12,000		8,000		19,500	
土　　　　地	100,000		30,000		129,000	
備　　　　品	20,000		15,000		35,000	
［の　れ　ん］					22,500	
S　社　株　式	95,000					
その他の資産	320,000		200,000		520,000	
買　　掛　　金		40,000		20,000		50,500
その他の諸負債		397,000		246,000		643,000
資　　本　　金		150,000		50,000		150,000
資　本　剰　余　金		80,000		10,000		80,000
利　益　剰　余　金		140,000		41,700		137,190
［非支配株主持分］						30,210
合　　　　計	808,000	808,000	368,000	368,000	1,092,000	1,092,000
損　益　計　算　書						
売　　上　　高		300,000		130,000		341,000
売　上　原　価	240,000		108,000		259,250	
諸　　費　　用	40,000		17,460		57,410	
諸　　収　　益		17,000		7,000		19,500
［のれん償却］					2,500	
法　人　税　等	16,900		4,840		21,740	
当　期　純　利　益	20,100		6,700		19,600	
非支配株主に帰属する当期純利益					1,710	
親会社株主に帰属する当期純利益	20,100		6,700		17,890	

問3 解説

1 （1） 開始仕訳―資本連結（単位：千円）

借方科目	金額	貸方科目	金額
資　本　金	50,000	S　社　株　式	95,000
資　本　剰　余　金	10,000	非　支　配　株　主　持　分	30,000
利　益　剰　余　金	40,000		
の　れ　ん	25,000		

のれん 95,000千円 －（50,000千円 + 10,000千円 + 40,000千円）× 70% = 25,000千円

非支配株主持分（50,000千円 + 10,000千円 + 40,000千円）× 30% = 30,000千円

（2） 当期のれん償却連結仕訳

借方科目	金額	貸方科目	金額
の　れ　ん　償　却	2,500	の　れ　ん	2,500

のれん償却 25,000千円 × $\dfrac{1年}{10年}$ = 2,500千円

2 商品の売買（単位：千円）

（1） 未達分（S社）の連結修正仕訳

借方科目	金額	貸方科目	金額
売　上　原　価	500	買　掛　金	500

未達分は，期末に期末商品棚卸高に振り替える。

借方科目	金額	貸方科目	金額
商　品	500	売　上　原　価	500

（2） 売上高と売上原価の連結消去仕訳

借方科目	金額	貸方科目	金額
売　上　高	89,000	売　上　原　価	89,000

（3） 債権債務の連結消去仕訳

借方科目	金額	貸方科目	金額
買　掛　金	10,000	売　掛　金	10,000

（4） 期首商品棚卸高―実現利益の連結修正仕訳（ダウンストリーム）

借方科目	金額	貸方科目	金額
利　益　剰　余　金	750	売　上　原　価	750

実現利益　3,750千円 × $\dfrac{0.25}{1+0.25}$ = 750千円

（5）　期末商品棚卸高―未実現利益の連結消去仕訳（ダウンストリーム）

借方科目	金　額	貸方科目	金　額
売　上　原　価	1,000	商　　　　　品	1,000

未実現利益　$(4,500 千円 + 未達分 500 千円) \times \dfrac{0.25}{1 + 0.25} = 1,000 千円$

3　貸倒引当金の修正（単位：千円）

（1）　期首売掛金残高の貸倒引当金の連結修正仕訳

借方科目	金　額	貸方科目	金　額
諸費用（貸倒引当金繰入）	150	利　益　剰　余　金	150

貸倒引当金の修正　$7,500 千円 \times 2\% = 150 千円$

（2）　期末売掛金残高の貸倒引当金の連結修正仕訳

借方科目	金　額	貸方科目	金　額
貸　倒　引　当　金	200	諸費用（貸倒引当金繰入）	200

貸倒引当金の修正　$10,000 千円 \times 2\% = 200 千円$

売掛金は，P社のS社売掛金であるので，S社の貸倒引当金の修正ではなく，したがってS社の当期純利益に変動はなく，非支配株主持分の修正は必要ない。

4　固定資産の売却益の連結消去仕訳（単位：千円）

借方科目	金　額	貸方科目	金　額
諸収益（固定資産売却益）	1,000	土　　　　　地	1,000

S社の当期純利益が1,000千円減少したので，$10,000 千円 \times 30\% = 300 千円$の非支配株主持分の修正が必要である。

借方科目	金　額	貸方科目	金　額
非　支　配　株　主　持　分	300	非支配株主に帰属する当期純利益	300

5　配当金の連結消去仕訳（単位：千円）

借方科目	金　額	貸方科目	金　額
諸収益（受取配当金）	3,500	配　　当　　金	5,000
非　支　配　株　主　持　分	1,500		

配当金は，株式持分割合により案分する。

6　S社の当期純利益の非支配株主持分への連結修正仕訳（単位：千円）

借方科目	金　額	貸方科目	金　額
非支配株主に帰属する当期純利益	2,010	非　支　配　株　主　持　分	2,010

S社当期純利益 $6,700 千円 \times 30\% = 2,010 千円$

7　連結利益剰余金当期末残高の計算

　P社利益剰余金当期末残高 140,000 千円 − P社当期純利益 20,100 千円 − 750 千円（2 ③）+150 千円（3 ①）+ 親会社株主に帰属する当期純利益 17,890 千円 = 137,190 千円

第7章　総合問題

問1　解答

連 結 精 算 表

（単位：万円）

	P社	S社	合　計	連結修正仕訳		連結損益計算書
売　　上　　高	46,500	15,400	61,900	2,400		59,500
受 取 配 当 金	250	100	350	150		200
売　上　原　価	27,640	9,750	37,390	60	40	35,010
					2,400	
給　　　　料	8,200	2,820	11,020			11,020
その他の営業費	4,430	1,200	5,630			5,630
貸 倒 引 当 金 繰 入	30	10	40	10	10	40
減 価 償 却 費	990	260	1,250			1,250
当 期 純 利 益	5,460	1,460	6,920	2,620	2,450	6,750

問1　解説

1　商品棚卸高の修正消去（単位：万円）

（1）　期首商品棚卸残高―実現利益の連結修正仕訳

借方科目	金　　額	貸方科目	金　　額
利　　益　　剰　　余　　金	40	売　　上　　原　　価	40

　実現利益　$240 \,万円 \times \dfrac{0.2}{1+0.2} = 40 \,千円$

（2）　期末商品棚卸残高―未実現利益の連結消去仕訳

借方科目	金　　額	貸方科目	金　　額
売　　上　　原　　価	60	商　　　　　　品	60

　未実現利益　$360 \,万円 \times \dfrac{0.2}{1+0.2} = 60 \,万円$

2　債権債務および収益費用の相殺消去（単位：万円）

（1）　債権債務の連結消去仕訳

借方科目	金　　額	貸方科目	金　　額
買　　　掛　　　金	500	売　　　掛　　　金	500

（2）　引当金の調整

① 期首売掛金残高に係る引当金の連結修正仕訳

借方科目	金　額	貸方科目	金　額
貸 倒 引 当 金 繰 入	10	利 　益 　剰 　余 　金	10

貸倒引当金の修正　期首売掛金残高 500 万円 × 2% = 10 万円

② 期末売掛金残高に係る引当金の連結修正仕訳

借方科目	金　額	貸方科目	金　額
貸 　倒 　引 　当 　金	10	貸 倒 引 当 金 繰 入	10

貸倒引当金の修正　期末売掛金残高 500 万円 × 2% = 10 万円

（3）　売上高と売上原価の連結消去仕訳（単位：万円）

借方科目	金　額	貸方科目	金　額
売 　　　上 　　　高	2,400	売 　　上 　　原 　　価	2,400

3　配当金の連結消去仕訳（単位：万円）

借方科目	金　額	貸方科目	金　額
受 　取 　配 　当 　金	150	配 　　　　当 　　　　金	150

　　上記連結仕訳のうち，連結 P/L に係る事項を修正消去して解答すればよい。

問2　解答

（単位：千円）

	借方科目	金　額	貸方科目	金　額
1	資　　　本　　　金 資 　本 　剰 　余 　金 利 益 剰 余 金 当 期 首 残 高 の　　　れ　　　ん の 　れ 　ん 　償 　却	100,000 10,000 30,000 6,000 600	S 　社 　株 　式 非支配株主持分当期首残高 の 　　　れ 　　　ん	90,000 56,000 600
2	利 益 剰 余 金 当 期 首 残 高 非支配株主持分当期首残高 非支配株主に帰属する当期純利益 売 　　上 　　原 　　価 非支配株主持分当期変動額	1,200 480 480 960 384	売 　　　上 　　　原 　　　価 利 益 剰 余 金 当 期 首 残 高 非支配株主持分当期変動額 商　　　　　　品 非支配株主に帰属する当期純利益	1,200 480 480 960 384
3	支 　払 　手 　形	10,000	受 　取 　手 　形 借 　　　入 　　　金	3,000 7,000
4	借 　　入 　　金 受 　取 　利 　息	20,000 300	貸 　　付 　　金 支 　払 　利 　息	20,000 300
5	固 定 資 産 売 却 益 非支配株主持分当期変動額	9,000 3,600	土　　　　　　　　地 非支配株主に帰属する当期純利益	9,000 3,600

問2 解説

1 のれん　90,000 千円 −（100,000 千円 + 10,000 千円 + 30,000 千円）× 60％ = 6,000 千円

　非支配株主持分　（100,000 千円 + 10,000 千円 + 30,000 千円）× 40％ = 56,000 千円

　のれん償却　$6,000 千円 × \dfrac{1年}{10年} = 600 千円$

2 期首商品棚卸高の実現利益　6,000 千円 × 20％ = 1,200 千円

　非支配株主持分割合　1,200 千円 × 40％ = 480 千円

　期末商品棚卸高の未実現利益　4,800 千円 × 20％ = 960 千円

　非支配株主持分割合　960 千円 × 40％ = 384 千円

3 手形割引時に受取手形はすでに 7,000 千円減少しているので，残高は 3,000 千円である。

4 P 社の受取利息の減少であるので，非支配株主持分の修正は必要ない。

5 S 社の当期純利益が 9,000 千円減少するので，非支配株主持分 9,000 千円 × 40％ = 3,600 千円
の連結修正仕訳が必要になる。

問3 解答

連 結 精 算 表 (一部)

X3 年 3 月 31 日　　　　　　　　　　　　　（単位：千円）

表示科目	P 社 借方	P 社 貸方	S 社 借方	S 社 貸方	修正記入 借方	修正記入 貸方	連結 B/S 借方	連結 B/S 貸方
当 座 預 金	66,600		22,000		8	400	88,208	
棚 卸 資 産	10,500		12,000			800	21,700	
有形固定資産	68,500		32,800			300	101,000	
S 社 株 式	27,000					27,000		
の れ ん					2,500	250	2,250	
流 動 負 債		10,600		8,200	400			18,400
固 定 負 債		50,000		20,000				70,000
資 本 金		80,000		30,000	30,000			80,000
利 益 剰 余 金		32,000		8,600	5,000	400		33,268
					250	90		
					280	8		
					800			
					300			
					1,200			
非支配株主持分					120	10,500		
					90	1,200		11,490
合 計	172,600	172,600	66,800	66,800	40,948	40,948	213,158	213,158

問3 解説

1

（1） 開始仕訳—資本連結（単位：千円）

借方科目	金　額	貸方科目	金　額
資　　　本　　　金	30,000	S　社　株　式	27,000
利　益　剰　余　金	5,000	非　支　配　株　主　持　分	10,500
の　　れ　　ん	2,500		

　X2年3月31日のS社の利益剰余金は，配当金400千円を減算し，当期純利益4,000千円を加算した X3年3月31日の利益剰余金が8,600千円であるので，逆算して8,600千円＋400千円－4,000千円＝5,000千円になる。のれんは，27,000千円－（30,000千円＋5,000千円）×70％＝2,500千円である。非支配株主持分は（30,000千円＋5,000千円）×30％＝10,500千円になる。

（2） 当期のれん償却連結仕訳（単位：千円）

借方科目	金　額	貸方科目	金　額
利益剰余金（のれん償却）	250	の　　れ　　ん	250

　のれん償却は，$2,500$千円$\times \dfrac{1年}{10年} = 250$千円である。のれん償却は，親会社株主に帰属する当期純利益の減少であるから，利益剰余金の減少になる。

2　配当金の連結消仕訳正（単位：千円）

借方科目	金　額	貸方科目	金　額
利益剰余金（受取配当金）	280	配　　当　　金	400
非　支　配　株　主　持　分	120		

　配当金はS社の利益剰余金の減少。これをP社と非支配株主持分に案分する。

3　棚卸資産期末残高—未実現利益の連結消去仕訳（ダウンストリーム）（単位：千円）

借方科目	金　額	貸方科目	金　額
利益剰余金（売上原価）	800	棚　卸　資　産	800

未実現利益　4,000千円×20％＝800千円。ダウンストリームでは，非支配株主持分の修正はない。

4　有形固定資産売却益の連結消去仕訳（単位：千円）

借方科目	金　額	貸方科目	金　額
利益剰余金（固定資産売却益）	300	有　形　固　定　資　産	300
非　支　配　株　主　持　分	90	利　益　剰　余　金	90

　S社の当期純利益が減少するので，300千円×30％＝90千円の非支配株主持分も減少し，連結 P/L の作成を踏まえた連結修正仕訳は，次のようになる。

借方科目	金額	貸方科目	金額
非 支 配 株 主 持 分	90	非支配株主に帰属する当期純利益	90

　　ただし，非支配株主に帰属する当期純利益の減少は，親会社株主に帰属する当期純利益の増加であるから利益剰余金の増加になる。

　　5　債権債務の連結消去仕訳（単位：千円）

借方科目	金額	貸方科目	金額
流 動 負 債	400	当 座 資 産	400
当 座 資 産	8	利 益 剰 余 金	8

　　勘定科目を用いて仕訳をすると次のとおりである。

借方科目	金額	貸方科目	金額
買 掛 金	400	売 掛 金	400
貸 倒 引 当 金	8	貸 倒 引 当 金 繰 入	8

　　貸倒引当金（400千円×2％）が減少するということは売掛金（当座資産）が増加し，貸倒引当金繰入が減少するということは親会社株主に帰属する当期純利益が増加するので，利益剰余金の増加になる。S社の貸倒引当金の修正ではないので、非支配株主持分の修正はない。

　　6　S社当期純利益の非支配株主持分への連結修正仕訳（単位：千円）

借方科目	金額	貸方科目	金額
利 益 剰 余 金	1,200	非 支 配 株 主 持 分	1,200

　　S社の当期純利益4,000千円×30％（持株割合）の1,200千円が非支配株主持分の増加となる。連結P/L上の作成を踏まえた連結仕訳は次のとおりである。

借方科目	金額	貸方科目	金額
非支配株主に帰属する当期純利益	1,200	非 支 配 株 主 持 分	1,200

　　ただし，非支配株主に帰属する当期純利益の増加は，親会社株主に帰属する当期利益の減少であるから利益剰余金の減少になる。

問4　解答

連 結 精 算 表

X3年3月31日　　　　　　　　　　　　（単位：千円）

勘定科目	個別財務諸表		修正消去		連結財務諸表
	P 社	S 社	借 方	貸 方	
貸 借 対 照 表					連結貸借対照表
売 掛 金	35,000	15,000		8,000	42,000
受 取 手 形	75,000	25,000		2,000	98,000
貸 倒 引 当 金	△ 1,600	△ 400	200		△ 1,600
			200		
商 品	24,500	16,500	4,500	1,150	44,350
土 地	65,350	28,500			93,850

短 期 貸 付 金	23,420			10,000	13,420
S 社 株 式	63,500			63,500	
の れ ん			15,980	1,598	14,382
そ の 他 の 資 産	259,140	69,980			329,120
資 産 合 計	544,310	154,580	16,380	86,248	633,522
支 払 手 形	26,400	8,500	4,500		30,400
買 掛 金	36,800	12,300	8,000	4,500	45,600
短 期 借 入 金	50,000	10,000	10,000	2,500	52,500
そ の 他 の 諸 負 債	56,520	40,960			97,480
資 本 金	200,000	50,000	50,000		200,000
利 益 剰 余 金	174,590	32,820	99,066	66,550	174,894
非 支 配 株 主 持 分			2,600	35,248	32,648
負 債 ・ 純 資 産 合 計	544,310	154,580	174,166	104,298	633,522
損 益 計 算 書					連結損益計算書
売 上 高	632,940	184,210	55,200		761,950
売 上 原 価	386,240	126,750	4,500	55,200	458,640
			1,150	300	
				4,500	
貸 倒 引 当 金 繰 入	1,600	600	150	200	1,950
				200	
の れ ん 償 却			1,598		1,598
受 取 利 息	1,260	460	400		1,320
受 取 配 当 金	9,250	1,200	3,000		7,450
支 払 利 息	3,820	1,250		400	4,670
そ の 他 の 収 益	16,900	3,600			20,500
そ の 他 の 費 用	236,960	45,570			282,530
法 人 税 等	17,730	6,680			24,410
当 期 純 利 益	14,000	8,620	65,998	56,300	17,422
非支配株主に帰属する当期純利益			3,448	460	3,088
			120	20	
親会社株主に帰属する当期純利益	14,000	8,620	69,566	61,280	14,334
株 主 資 本 等 変 動 計 算 書					連結株主資本等変動計算書
利益剰余金当期首残高	180,590	29,200	29,200	150	180,560
			300	120	
配 当 金	20,000	5,000		5,000	20,000
親会社株主に帰属する当期純利益	14,000	8,620	69,566	61,280	14,334
利益剰余金当期末残高	174,590	32,820	99,066	66,550	174,894
非支配株主持分期首残高			120	31,680	31,560
非支配株主持分当期変動額			2,000	3,448	1,088
			460	120	
			20		
非支配株主持分期末残高			2,600	35,248	32,648

問4 解説

1

（1）開始仕訳─資本連結（単位：千円）

借方科目	金　額	貸方科目	金　額
資　　本　　金	50,000	S　社　株　式	63,500
利益剰余金当期首残高	29,200	非支配株主持分当期首残高	31,680
の　　れ　　ん	15,980		

のれん 63,500 千円 −（50,000 千円 + 29,200 千円）× 60％ = 15,980 千円

非支配株主持分（50,000 千円 + 29,200 千円）× 40％ = 31,680 千円

（2）当期のれん償却連結仕訳（単位：千円）

借方科目	金　額	貸方科目	金　額
の　れ　ん　償　却	1,598	の　　れ　　ん	1,598

のれん償却 15,980 千円 × $\dfrac{1年}{10年}$ = 1,598 千円

2　配当金の連結消去仕訳（単位：千円）

借方科目	金　額	貸方科目	金　額
受　取　配　当　金	3,000	配　　当　　金	5,000
非支配株主当期変動額	2,000		

3　商品の売買の修正消去（単位：千円）

（1）売上高と売上原価の連結消去仕訳

借方科目	金　額	貸方科目	金　額
売　　上　　高	55,200	売　上　原　価	55,200

（2）未達分の連結修正仕訳

借方科目	金　額	貸方科目	金　額
売　上　原　価	4,500	買　　掛　　金	4,500

（3）期首商品棚卸高─実現利益の連結修正仕訳（アップストリーム）

借方科目	金　額	貸方科目	金　額
利益剰余金当期首残高	300	売　上　原　価	300
非支配株主当期首残高	120	利益剰余金当期首残高	120
非支配株主に帰属する当期純利益	120	非支配株主当期変動額	120

実現利益 1,800 千円 × $\dfrac{0.2}{1+0.2}$ = 300 千円。当期純利益は，売上原価を減少することにより実現したことになる。

非支配株主持分当期首残高　300 千円 × 40％ = 120 千円

（4）期末商品棚卸高―未実現利益の連結消去仕訳（アップストリーム）

借方科目	金　額	貸方科目	金　額
売　上　原　価	1,150	商　　　　　　品	1,150
非支配株主持分当期変動額	460	非支配株主に帰属する当期純利益	460

未実現利益（2,400 千円 + 4,500 千円）× $\dfrac{0.2}{1+0.2}$ = 1,150 千円。売上原価が増加するので未実現利益は計上されない。未達分の仕入れは，期末商品として残っているので加算する。

非支配株主持分当期変動額 1,150 千円 × 40％ = 460 千円

（5）未達商品

借方科目	金　額	貸方科目	金　額
商　　　　　　品	4,500	売　上　原　価	4,500

　4　手形の連結消去仕訳（単位：千円）

借方科目	金　額	貸方科目	金　額
支　払　手　形	4,500	短　期　借　入　金	2,500
		受　取　手　形	2,000

　S 社は，期末に P 社に対する受取手形が 2,000 千円あり，S 社は 2,500 千円の割引をしているので，P 社に対する受取手形は 4,500 千円になり，P 社の S 社に対する支払手形は 4,500 千円である。S 社は割引をしたときにすでに受取手形 2,500 千円は減少しているので，2,000 千円だけ残っている。

　5　債権債務の消去（単位：千円）

（1）売掛金と買掛金の連結消去仕訳

借方科目	金　額	貸方科目	金　額
買　　掛　　金	8,000	売　　掛　　金	8,000

（2）S 社の売掛金の減少にともなう貸倒引当金の修正

① 売上債権の前期残高の貸倒引当金の連結修正仕訳

借方科目	金　額	貸方科目	金　額
貸　倒　引　当　金　繰　入	150	利　益　剰　余　金　当　期　首　残　高	150

② 期末貸倒引当金の連結修正仕訳

借方科目	金　額	貸方科目	金　額
貸　倒　引　当　金	200	貸　倒　引　当　金　繰　入	200

③ 非支配株主持分の連結修正仕訳

借方科目	金額	貸方科目	金額
非支配株主持分当期変動額	20	非支配株主に帰属する当期純利益	20

S社の貸倒引当金繰入の減少によるS社の当期純利益50千円が減少したので，非支配株主持分に帰属する当期純利益の修正50千円×40％＝20千円が必要となる。

④ 借入金と貸付金の連結消去仕訳

借方科目	金額	貸方科目	金額
短期借入金	10,000	短期貸付金	10,000

⑤ P社の短期貸付金の減少にともなう貸倒引当金の連結修正仕訳

借方科目	金額	貸方科目	金額
貸倒引当金	200	貸倒引当金繰入	200

P社の貸倒引当金繰入の減少にともなうP社の当期純利益の減少であるから，非支配株主には関係ないので，非支配株主に帰属する当期純利益の修正は必要ない。

6　受取利息と支払利息の連結消去仕訳（単位：千円）

借方科目	金額	貸方科目	金額
受取利息	400	支払利息	400

P社の受取利息の減少にともなうP社の当期純利益の減少であるから非支配株主には関係ないので，非支配株主に帰属する当期純利益の修正は必要ない。

7　S社当期純利益の非支配株主持分への連結修正仕訳

借方科目	金額	貸方科目	金額
非支配株主に帰属する当期純利益	3,448	非支配株主持分当期変動額	3,448

S社の当期純利益8,620千円×40％＝3,448千円

問5 解答

（単位：千円）

勘定科目	個別財務諸表			修正消去		連結財務諸表
	P社	S1社	S2社	借方	貸方	
貸借対照表						連結貸借対照表
現金預金	257,000	62,000	29,000			348,000
売掛金	423,000	260,000	154,000		162,000	675,000
商品	440,000	246,000	16,500		24,000	678,500
未収入金	70,000	38,000	12,000		8,000	112,000

貸　　付　　金	192,000				140,000	52,000
未　収　収　益	12,000				400	11,600
土　　　　　地	218,000		132,000		7,700	342,300
建　　　　　物	180,000					180,000
建物減価償却累計額	△24,000					△24,000
備　　　　　品	50,000	24,000				74,000
備品減価償却累計額	△10,000	△4,000				△14,000
（　の　れ　ん　）				18,000	5,400	12,600
子　会　社　株　式	220,000				170,000	
					50,000	
資　産　合　計	2,028,000	626,000	343,500	18,000	567,500	2,448,000
買　　掛　　金	220,000	184,000	14,600	162,000		256,600
借　　入　　金	250,000	100,000	40,000	140,000		250,000
未　　払　　金	112,000	15,000	34,000	8,000		153,000
未　払　法　人　税　等	30,000	3,000	6,600			39,600
未　払　費　用	90,000	61,000	4,900	400	400	155,900
前　受　収　益			178,000			178,000
資　　本　　金	360,000	120,000	50,000	120,000		360,000
				50,000		
資　本　剰　余　金	120,000	30,000		30,000		120,000
利　益　剰　余　金	846,000	113,000	15,400	40,000	797,500	882,300
				3,600		
				8,976		
				20,000		
				817,024		
非　支　配　株　主　持　分					38,000	52,600
					8,976	
					5,624	
負債・純資産合計	2,028,000	626,000	343,500	1,400,000	850,500	2,448,000
損　益　計　算　書						連結損益計算書
売　　上　　高	2,156,000	1,069,400		560,000		2,665,400
役　務　収　益			587,000	210,000		377,000
売　上　原　価	1,354,000	715,000		24,000	770,000	1,303,000
					20,000	
役　務　原　価			298,000			298,000
販売費及び一般管理費	643,750	309,000	266,100	2,000	2,200	1,218,650
（　の　れ　ん　）償却				1,800		1,800
受　取　利　息	5,300	300	200	3,300		2,500
賃貸資産受取家賃	2,200			2,200		

支 払 利 息	5,200	2,700	1,100	400	3,300	6,100
賃貸資産減価償却費	2,000				2,000	
土 地 売 却 益	7,700			7,700		
法人税,住民税及び事業税	50,050	14,880	6,600			71,530
当 期 純 利 益	116,200	28,120	15,400	811,400	797,500	145,820
非支配株主に帰属する当期純利益				5,624		5,624
親会社株主に帰属する当期純利益	116,200	28,120	15,400	817,024	797,500	140,196

問5 解説

1

（1）開始仕訳（単位：千円）

① 資本連結

借方科目	金額	貸方科目	金額
資 本 金	120,000	子 会 社 株 式	170,000
資 本 剰 余 金	30,000	非 支 配 株 主 持 分	38,000
利 益 剰 余 金	40,000		
の れ ん	18,000		

のれん170,000千円 −（120,000千円 + 30,000千円 + 40,000千円）× 80% = 18,000千円

非支配株主持分（120,000千円 + 30,000千円 + 40,000千円）× 20% = 38,000千円

② のれん

借方科目	金額	貸方科目	金額
利 益 剰 余 金	3,600	の れ ん	3,600

のれん償却 $18,000$ 千円 × $\dfrac{1年}{10年}$ = 1,800千円

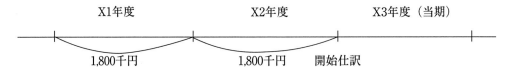

すでに，2年分3,600千円が償却済みであるので，過年度の留保利益である利益剰余金から控除する。

③ 非支配株主持分

借方科目	金額	貸方科目	金額
利 益 剰 余 金	8,976	非 支 配 株 主 持 分	8,976

S1 社の X1 年度から X3 年度の利益の合計は，配当がなされていなければ，X3 年度期末利益剰余金 113,000 千円 － X1 年度期首利益剰余金 40,000 千円 ＝ 73,000 千円である。X3 年度（当期）の S1 社の当期純利益は 28,120 千円なので，X1 年度および X2 年度の利益の合計は 44,880 千円である。

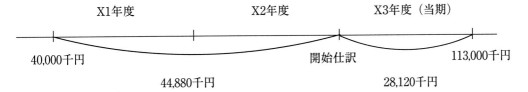

| X1年度 | X2年度 | X3年度（当期） |

40,000千円 　　　　　　　　　　　　　　　開始仕訳 　　　　　　113,000千円

44,880千円 　　　　　　　　　　　　　28,120千円

したがって，X1 年度および X2 年度の非支配株主持分は，44,880 千円 × 20％ ＝ 8,976 千円になる。

（2）当期のれん償却連結仕訳（単位：千円）

借方科目	金　額	貸方科目	金　額
の　れ　ん　償　却	1,800	の　　　れ　　　ん	1,800

（3）S1 社当期純利益の非支配株主持分の連結修正仕訳（単位：千円）

借方科目	金　額	貸方科目	金　額
非支配株主に帰属する当期純利益	5,624	非　支　配　株　主　持　分	5,624

S1 社当期純利益 28,120 千円 × 20％ ＝ 5,624 千円

（4）S2 社の資本連結仕訳（単位：千円）

借方科目	金　額	貸方科目	金　額
資　　　本　　　金	50,000	子　会　社　株　式	50,000

2　債権債務および収益費用の相殺消去（単位：千円）

（1）S2 社の P 社への未払利息の計上

借方科目	金　額	貸方科目	金　額
支　払　利　息	400	未　払　費　用	400

（2）P 社と S1 社および S2 社との債権債務などの連結消去仕訳

借方科目	金　額	貸方科目	金　額
買　　掛　　金	148,000	売　　掛　　金	148,000
借　　入　　金	140,000	貸　　付　　金	140,000
未　　払　　金	8,000	未　収　入　金	8,000
未　払　費　用	400	未　収　収　益	400
売　　上　　高	560,000	売　上　原　価	560,000
役　務　収　益	106,000	売　上　原　価	106,000
賃貸資産受取家賃	2,200	販売費及び一般管理費	2,200
受　取　利　息	3,300	支　払　利　息	3,300

（3）S1 社と S2 社との債権債務などの連結消去仕訳（単位：千円）

借方科目	金　額	貸方科目	金　額
役　務　収　益	104,000	売　上　原　価	104,000
買　　掛　　金	14,000	売　　掛　　金	14,000

3　商品棚卸高の修正消去（単位：千円）

（1）期首商品棚卸高—実現利益（ダウンストリーム）の連結修正仕訳

借方科目	金　額	貸方科目	金　額
利　益　剰　余　金	20,000	売　上　原　価	20,000

　実現利益　100,000 千円× 20％（売上総利益率）＝ 20,000 千円。Ｐ社の実現利益であるから，非支配株主持分の修正の必要はない。

（2）期末商品棚卸高—未実現利益（ダウンストリーム）の連結修正仕訳

借方科目	金　額	貸方科目	金　額
売　上　原　価	24,000	商　　　　　品	24,000

　未実現利益　120,000 千円× 20％（売上総利益率）＝ 24,000 千円。Ｐ社の未実現利益であるから，非支配株主持分の修正の必要はない。

4　賃貸資産減価償却の連結修正仕訳（単位：千円）

借方科目	金　額	貸方科目	金　額
販 売 費 及 び 一 般 管 理 費	2,000	賃 貸 資 産 減 価 償 却 費	2,000

5　土地売却の連結消去仕訳（単位：千円）

借方科目	金　額	貸方科目	金　額
土　地　売　却　益	7,700	土　　　　　地	7,700

問6 解答

（単位：千円）

勘定科目	個別財務諸表		修正消去		連結財務諸表
	P 社	S 社	借 方	貸 方	
貸　借　対　照　表					連結貸借対照表
現　金　預　金	470,000	41,000			511,000
売　　掛　　金	620,000	275,000		242,000	653,000
製　品　及　び　商　品	445,000	236,000		13,200	667,800
原　　材　　料		18,000	4,500	1,500	21,000
仕　　掛　　品		35,000			35,000
未　収　入　金	69,000	29,000		6,000	92,000
前　払　費　用	14,000		160		14,160
土　　　　　地	250,000	90,000		5,000	335,000
建　　　　　物	180,000	40,000			220,000
建物減価償却累計額	△ 24,000	△ 8,000			△ 32,000
機　械　装　置	36,000	24,000			60,000
機械装置減価償却累計額	△ 12,000	△ 4,000			△ 16,000
（　の　れ　ん　）			40,000	12,000	24,000
				4,000	
子　会　社　株　式	250,000			250,000	
資　産　合　計	2,298,000	776,000	44,660	533,700	2,584,960
支　払　手　形	120,000		50,000		70,000
買　　掛　　金	320,000	247,000	242,000	4,500	329,500
借　　入　　金	257,000			50,000	307,000
未　　払　　金	118,000	108,000	6,000		220,000
未　払　法　人　税　等	30,000	3,000			33,000
未　払　費　用	85,000	45,000			130,000
資　　本　　金	460,000	150,000	150,000		460,000
資　本　剰　余　金	150,000	60,000	60,000		150,000
利　益　剰　余　金	758,000	163,000	90,000	3,000	777,160
			12,000	1,253,000	
			11,100		
			11,000		
			1,300		
			1,274,440		
非　支　配　株　主　持　分			3,000	90,000	108,300
			3,600	11,100	
				3,000	
				10,800	

負 債 ・ 純 資 産 合 計	2,298,000	776,000	1,914,440	1,425,400	2,584,960
損 益 計 算 書					連結損益計算書
売 上 高	3,326,000	1,507,400	1,230,000		3,603,400
売 上 原 価	2,254,000	1,142,000	4,500	1,230,000	2,168,400
			13,200	11,000	
			1,500	1,300	
				4,500	
販 売 費 及 び 一 般 管 理 費	860,500	311,050			1,171,550
（ の れ ん ） 償 却			4,000		4,000
受 取 利 息	2,000	350			2,350
支 払 利 息	6,040		2,440		8,480
手 形 売 却 損		2,600		2,600	
土 地 売 却 益	5,000		5,000		
法 人 税, 住 民 税 及 び 事 業 税	69,800	16,100			85,900
当 期 純 利 益	142,660	36,000	1,260,640	1,249,400	167,420
非支配株主に帰属する当期純利益			3,000	3,600	10,200
			10,800		
親会社株主に帰属する当期純利益	142,660	36,000	1,274,440	1,253,000	157,220

問6 解説

1 開始仕訳およびのれん償却（単位：千円）

（1）開始仕訳

① 資本連結

借方科目	金　額	貸方科目	金　額
資　　　本　　　金	150,000	子　会　社　株　式	250,000
資　本　剰　余　金	60,000	非　支　配　株　主　持　分	90,000
利　益　剰　余　金	90,000		
の　　れ　　ん	40,000		

のれん 250,000 千円 −（150,000 千円 + 60,000 千円 + 90,000 千円）× 70% = 40,000 千円

非支配株主持分（150,000 千円 + 60,000 千円 + 90,000 千円）× 30% = 90,000 千円

② のれん

借方科目	金　額	貸方科目	金　額
利　益　剰　余　金	12,000	の　　れ　　ん	12,000

のれん償却 40,000 千円 × $\dfrac{1年}{10年}$ = 4,000 千円

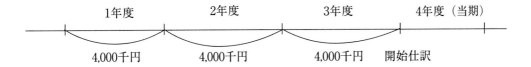

すでに，3年分12,000千円が償却済みであるので，過年度の留保利益である利益剰余金から控除する。

③ 非支配株主持分

借方科目	金　額	貸方科目	金　額
利　益　剰　余　金	11,100	非　支　配　株　主　持　分	11,100

S社の1年度から4年度の利益の合計は，配当がなされていなければ，4年度期末利益剰余金163,000千円−1年度期首利益剰余金90,000千円＝73,000千円である。4年度（当期）のS社の当期純利益は36,000千円なので，1年度および3年度の利益の合計は37,000円である。

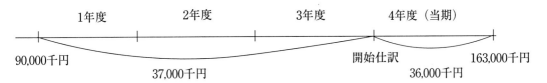

したがって，1年度，2年度および3年度の非支配株主持分は，37,000千円×30％＝11,100千円になる。

（2）当期のれん償却連結仕訳

借方科目	金　額	貸方科目	金　額
の　れ　ん　償　却	4,000	の　　れ　　ん	4,000

2　土地売却益の連結消去仕訳（単位：千円）

借方科目	金　額	貸方科目	金　額
土　地　売　却　益	5,000	土　　　　　地	5,000

3　債権債務などの相殺消去（単位：千円）

（1）未達仕入

借方科目	金　額	貸方科目	金　額
売　上　原　価	4,500	買　　掛　　金	4,500

（2）手形割引の連結修正仕訳

借方科目	金　額	貸方科目	金　額
支　払　手　形	50,000	借　　入　　金	50,000
前　払　費　用	160	手　形　売　却　損	2,600
支　払　利　息	2,440		

Ｐ社の受取手形の仕訳を推測すると次のとおりである（単位：千円）。

（借）	買 掛 金	70,000	（貸）	受 取 手 形	120,000
	現 金 預 金	47,400			
	手 形 売 却 損	2,600			

したがって，Ｐ社の受取手形は手もとに０千円。割引手形は借入金となり，支払利息は前払分を計上する。連結すると，買掛金への支払手形が70,000千円残る。

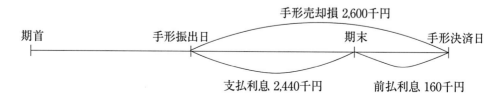

（３）手形割引以外の債権債務などの連結消去仕訳（単位：千円）

借方科目	金　額	貸方科目	金　額
買　　掛　　金	242,000	売　　　掛　　　金	242,000
未　　払　　金	6,000	未　収　入　金	6,000
売　　上　　高	1,230,000	売　上　原　価	1,230,000

4　商品棚卸高の修正消去（単位：千円）

（１）期首商品（製品）棚卸高―実現利益（アップストリーム＆ダウンストリーム）の連結修正仕訳

借方科目	金　額	貸方科目	金　額
利　益　剰　余　金	11,000	売　　上　　原　　価	11,000
非　支　配　株　主　持　分	3,000	利　益　剰　余　金	3,000
非支配株主に帰属する当期純利益	3,000	非　支　配　株　主　持　分	3,000

① 商品の実現利益 60,000 千円 $\times \dfrac{0.2}{1+0.2}$ = 10,000 千円。Ｓ社の当期純利益の増加であるから，非支配株主持分の連結仕訳が必要である。10,000 千円 × 30％（非支配株主持分割合）= 3,000 千円。

② 製造原価の実現利益 60,000 千円 − ① 10,000 千円 = 50,000 千円。うち，原材料の実現利益は 50,000 千円 × 22％ × $\dfrac{0.1}{1+0.1}$ = 1,000 千円。Ｓ社当期純利益とは関係ないので，非支配株主持分の修正は必要でない。したがって，連結による実現利益は①＋②＝ 11,000 千円となる。

（２）期末商品（製品）棚卸高―未実現利益（アップストリーム＆ダウンストリーム）の連結消去仕訳

借方科目	金　額	貸方科目	金　額
売　　上　　原　　価	13,200	製　品　及　び　商　品	13,200
非　支　配　株　主　持　分	3,600	非支配株主に帰属する当期純利益	3,600

① 商品の未実現利益　$72,000\,千円 \times \dfrac{0.2}{1+0.2} = 12,000\,千円$。S社の当期純利益の減少であるから，非支配株主持分の修正が必要である。$12,000\,千円 \times 30\%$（非支配株主持分割合）$= 3,600$千円。

② 製造原価の未実現利益　$72,000\,千円 - ①\,12,000\,千円 = 60,000\,千円$。うち，原材料の未実現利益は $60,000\,千円 \times 22\% \times \dfrac{0.1}{1+0.1} = 1,200\,千円$。S社当期純利益とは関係ないので，非支配株主持分の修正は必要でない。したがって，連結による実現利益は ① + ② = 13,200 千円となる。

（3）期首原材料棚卸高の実現利益（ダウンストリーム）の連結修正仕訳（単位：千円）

借方科目	金 額	貸方科目	金 額
利 益 剰 余 金	1,300	売 上 原 価	1,300

実現利益　$14,300\,千円 \times \dfrac{0.1}{1+0.1} = 1,300\,千円$。S社当期純利益とは関係ないので，非支配株主持分の修正は必要でない。

3　未達原材料は，製造に投入されていないので期末原材料棚卸高に振り替える（単位：千円）。

借方科目	金 額	貸方科目	金 額
原 材 料	4,500	売 上 原 価	4,500

そのうえで，未実現利益を修正する。

借方科目	金 額	貸方科目	金 額
売 上 原 価	1,500	原 材 料	1,500

未実現利益　$(12,000\,千円 + 4,500\,千円) \times \dfrac{0.1}{1+0.1} = 1,500\,千円$

4　S社当期純利益の非支配株主持分割合の連結修正仕訳（単位：千円）

借方科目	金 額	貸方科目	金 額
非支配株主に帰属する当期純利益	10,800	非 支 配 株 主 持 分	10,800

S社当期純利益 $36,000\,千円 \times 30\% = 10,800\,千円$

《著者紹介》

山下壽文（やました・としふみ）
　　九州情報大学教授・佐賀大学名誉教授
　　商学博士（福岡大学）

【単著】
　『簿記システム概論』中央経済社
　『偶発事象会計論』白桃書房
　『会計学のススメ』創成社
　『要説新中小企業会計要領』同友館
　『戦後税制改革とシャウプ勧告』同文館出版　など
【編著】
　『企業会計の基礎』中央経済社
　『新簿記入門ゼミナール』創成社
　『ビギナーのための会計学』創成社　など

（検印省略）

2024 年 7 月 20 日　初版発行　　　　　　　　　　　　　略称―連結会計

日商簿記 2 級　連結会計の解法

著　者　山下壽文
発行者　塚田尚寛

発行所　　東京都文京区　　　株式会社　創　成　社
　　　　　春日 2-13-1
　　　　　電　話 03（3868）3867　　Ｆ Ａ Ｘ 03（5802）6802
　　　　　出版部 03（3868）3857　　Ｆ Ａ Ｘ 03（5802）6801
　　　　　http://www.books-sosei.com　振　替 00150-9-191261

定価はカバーに表示してあります。

©2024 Toshifumi Yamashita　　　　組版：スリーエス　印刷：エーヴィスシステムズ
ISBN978-4-7944-1600-1 C3034　　　製本：エーヴィスシステムズ
Printed in Japan　　　　　　　　　落丁・乱丁本はお取り替えいたします。

————————————— 簿記・会計選書 —————————————

日 商 簿 記 2 級　連 結 会 計 の 解 法	山 下 壽 文	著	1,700 円
初 級 簿 記 教 本 問 題 集	海 老 原　　　諭	著	2,200 円
初 級 簿 記 教 本	海 老 原　　　諭	著	2,800 円
学 部 生 の た め の 企 業 分 析 テ キ ス ト ― 業 界・経 営・財 務 分 析 の 基 本 ―	髙 橋　　　聡 福 川 裕 徳 三 浦　　　敬	編著	3,600 円
日 本 簿 記 学 説 の 歴 史 探 訪	上 野 清 貴	編著	3,000 円
全 国 経 理 教 育 協 会 公 式 簿 記 会 計 仕 訳 ハ ン ド ブ ッ ク	上 野 清 貴 吉 田 智 也	編著	1,200 円
企 業 簿 記 論	中島・髙橋・柴野	著	2,300 円
ニ ュ ー ス テ ッ プ ア ッ プ 簿 記	大 野 智 弘	編著	2,700 円
管 理 会 計 っ て 何 だ ろ う ― 町 の パ ン 屋 さ ん か ら ト ヨ タ ま で ―	香 取　　　徹	著	1,900 円
原 価 会 計 の 基 礎 と 応 用	望 月 恒 男 細 海 昌一郎	編著	3,600 円
政 策 評 価 に お け る イ ン パ ク ト 測 定 の 意 義	宮 本 幸 平	著	2,500 円
非 営 利・政 府 会 計 テ キ ス ト	宮 本 幸 平	著	2,000 円
税 務 会 計 論	柳　　　裕 治	編著	2,800 円
ゼ ミ ナ ー ル 監 査 論	山 本 貴 啓	著	3,200 円
内 部 統 制 監 査 の 論 理 と 課 題	井 上 善 博	著	2,350 円
コ ン ピ ュ ー タ 会 計 基 礎	河 合・櫻 井 成 田・堀 内	著	1,900 円
は じ め て 学 ぶ 国 際 会 計 論	行 待 三 輪	著	1,900 円
私 立 大 学 の 会 計 情 報 を 読 む ― 成 長 の 源 泉 を 求 め て ―	小 藤 康 夫	著	2,000 円

(本体価格)

————————————— 創 成 社 —————————————